MW01608382

Les
délices
d'Anne-Marie

**Pour commander d'autres exemplaires
de volume:**

Livre "Les délices d'Anne-Marie Chalifoux, D.N."
738 avenue Bloomfield, suite 8,
Outremont, (Québec) H2V 3S3

Dépôt légal – troisième trimestre 1994 – Bibliothèque
nationale du Québec
Dépôt légal – troisième trimestre 1994 – Bibliothèque
nationale du Canada

ISBN: 2-9803470-1-9

Les délices d'Anne-Marie

Par Anne-Marie Chalifoux, D.N.

Les éditions de la Marmaille

Préface

On sait tous à quel point il est important de bien s'alimenter, mais en même temps, on veut des mets appétissants et bons au goût. Ces nouvelles recettes ont justement été conçues dans cette optique: satisfaire le palais en plus de donner à votre organisme de bonnes rations de fibres, de protéines et de vitamines. Souvent même, afin de vous aider, je vous suggère avec quoi servir ces plats pour offrir à votre petit monde un repas bien équilibré.

De plus, sachant qu'on ne dispose pas toujours de beaucoup de sous ni de temps pour préparer notre bouffe, j'ai choisi des recettes économiques, simples et faciles à élaborer, y compris pour les nouveaux cuisiniers (il y en a de plus en plus) et les cuisinières débutantes.

Bien se nourrir est essentiel à notre bonne forme, mais le bonheur et la joie le sont tout autant. Je vous souhaite beaucoup de plaisir à confectionner et à déguster ces recettes que j'ai glanées à travers le monde et

« Bon appétit! »

Votre amie,
Anne-Marie

Suggestions
et trucs cuisine

Assaisonnements

Petits trucs

• L'assaisonnement est ce qui fait la différence entre une recette ordinaire et un plat savoureux. Apprenez à connaître les épices et les aromates qui vous plaisent; vous pourrez transformer les recettes les plus anodines en délices qui régaleront votre petite famille.

• Lorsque vous doublez une recette, ne doublez pas les épices ou les aromates; ils donnent toujours beaucoup de saveur en cuisant et ce serait probablement trop. Au lieu de «doubler» les quantités d'épices ou d'aromates, mettez-en seulement une fois et demi, ce sera probablement suffisant.

• Si vous n'êtes pas sûr, mieux vaut en mettre moins que trop. Il y a toujours moyen de rectifier l'assaisonnement et d'en ajouter. Par contre, il est impossible d'en enlever.

• Les herbes séchées ont plus de saveur que les herbes fraîches. Ainsi, si une recette requiert un temps de cuisson court, les herbes séchées conviennent tout à fait. Par contre, les herbes fraîches révèlent toute leur saveur dans les plats qui cuisent longtemps.

• L'ail et les oignons doivent préférablement être ajoutés au début de la cuisson, ainsi ils parfumeront le mets. Par contre, les autres épices gagnent à être ajoutées à la dernière minute... Ou mieux, mettez-en la moitié en début de cuisson, et ajoutez le reste quelques minutes avant de retirer du feu. Vous aurez ainsi un arôme inégalable.

• Règle générale, on utilise entre ¼ et ½ cuillerée à thé d'herbes séchées ou encore 1 cuillerée à table d'herbes fraîches pour quatre portions.

• Vous pouvez diminuer la quantité de sel dans vos plats en remplaçant celui-ci par « Mes herbes magiques » dont vous trouverez la recette dans ce livre. Vous pouvez aussi en remplir votre salière au lieu du sel ordinaire et la laisser sur la table.

● Le poivre ne convient pas à tout le monde; vous pouvez
cependant le remplacer par du cayenne, à condition de
couper la quantité de moitié ou même des $^2/_3$. Le cayenne
a un goût plus prononcé. Dans vos recettes, n'en ajoutez
qu'à la fin car, plus il cuit, plus il devient piquant.

Comment diminuer les quantités de gras dans vos recettes

• Il y a moyen de diminuer les quantités de gras dans vos recettes habituelles sans en changer le goût.

• La compote de pommes ou la purée de prunes remplacent avantageusement le gras, le beurre, la margarine ou le shortening dans vos recettes maison ou même dans les instructions pour les aliments semi-préparés.

• Vous trouverez des recettes de compotes de pommes sans sucre, comme la « Compote Rose d'Anne-Marie » dans le volume « Les recettes d'Anne-Marie, Tome 1 », ou encore la « Compote tutti-frutti » dans ce livre-ci. Vous pouvez aussi essayer les recettes qui suivent.

Compote de pommes Simplette

1- Peler 4 pommes, les couper en morceaux, enlever le cœur
2- Les faire mijoter dans 1½ tasse d'eau durant 25 minutes
3- Ajouter une pincée de cannelle ou de muscade
4- Passer au mélangeur

Compote de prunes Facilité

1- Prenez une tasse de prunes dénoyautées
2- Ajouter ¼ de tasse d'eau
3- Passer un mélangeur ou au robot jusqu'à l'obtention d'une purée lisse

☞ *Ces deux compotes vous permettent de faire vos recettes habituelles, même les recettes salées, sans en changer le goût. Par contre, elles contiennent bien moins de calories.*

L'arrowroot

La farine d'arrowroot ou de « maranta » remplace avantageusement la fécule de maïs lorsqu'il s'agit d'épaissir un bouillon ou une sauce. Elle provient de diverses plantes tropicales, entre autres la maranta, et a l'apparence d'une fine poudre blanche.

Elle n'a aucun goût et ne change pas la saveur des autres ingrédients de vos recettes.

De toutes les fécules disponibles (pomme de terre, maïs) la fécule d'arrowroot est certes la plus digeste.

Si possible, on doit utiliser l'arrowroot à la toute dernière minute, afin de maximiser ses facultés épaississantes. On peut s'en servir dans les potages, sauces, gâteaux, pains, mais on peut également en recouvrir les légumes, au lieu de la farine traditionnelle, avant de les faire frire, ce qui donne une panure très légère et croustillante.

Soupes

et

potages

Crème de zucchini "éclair"

Aucun cholestérol, mais une délicieuse façon d'enta-mer le repas.

Ingrédients   pour 8 à 10 portions

1 c.table	d'huile d'olive de première pression à froid
1	petit oignon haché
4	zucchini (ou 3 s'ils sont très gros) coupés en dés
6	tasses d'eau
$\frac{1}{2}$ tasse	de flocons d'avoine
$\frac{1}{2}$ c. thé	de sel de mer
1 pincée	de muscade
1 pincée	de poivre

Préparation

1- Au poêlon, faire suer l'oignon dans l'huile d'olive à feu moyen. Ajouter les dés de zucchini (courgettes) et faire sauter de 2 à 3 minutes.

2- Ajouter l'eau, les flocons d'avoine, le sel de mer, la muscade et le poivre. Amener à ébullition et faire cuire à feu doux 15 minutes, en remuant très fréquemment.

3- Réduire en purée au mélangeur. Après, si on le désire, on peut passer au tamis. Garnir de persil frais.

☞   *Cette soupe délicieuse se sert chaude ou froide.*

Crème printanière

Ce potage d'un très beau vert fera sensation!

Ingrédients   pour 6 portions

1 c.table	d'huile d'olive première pression à froid
3 tasses	de petits pois frais ou congelés
1	pomme de terre pelée et coupée en gros dés
2 tasses	d'épinards frais (ou une petite laitue Boston)
6 tasses	d'eau ou de bouillon de légumes
1	pincée de muscade
	sel et poivre au goût
	feuilles de basilic, de menthe ou de persil pour décorer

Préparation

1- Dans une grande casserole, mettre l'huile, les pois, la pomme de terre et les épinards (ou la laitue Boston); faire cuire à feu moyen-doux 5 minutes.

2- Ajouter l'eau (ou le bouillon), porter à ébullition. Réduire le feu, couvrir et laisser mijoter jusqu'à ce que les légumes soient tendres, environ 20 minutes.

3- Au robot ou au mélangeur, réduire le mélange en purée crémeuse. Saler, poivrer. Au moment de servir, décorer avec les feuilles de basilic, de menthe ou avec du persil.

☞ *Utiliser des épinards frais; les épinards en sac donneraient un goût amer à votre potage. Si vous n'en trouvez pas, une belle laitue Boston fera l'affaire.*

La soupe d'hiver Tom Pouce

Cette soupe savoureuse à base de tomates et de lentilles regorge de protéines et de bons légumes.

Ingrédients   pour 6 portions

1 c. table	d'huile d'olive de première pression à froid
2	oignons moyens hachés
2	carottes coupées en dés
1	branche de céleri coupée en dés
1	gousse d'ail émincée
1 grosse	boîte (28 onces) de tomates avec leur jus
1/2 tasse	de lentilles brunes
3 tasses	d'eau ou de bouillon
1/2 c. thé	de sarriette séchée
1/2 c. thé	de basilic séché
1/4 c. thé	d'origan séché

Préparation

1- Faire suer 5 minutes les oignons, les carottes et le céleri dans l'huile d'olive. Ajouter l'ail et cuire une minute de plus.

2- Couper grossièrement les tomates, ou écrasez-les avec les doigts, et ajoutez-les avec leur jus aux légumes. Ajouter ensuite les lentilles, l'eau (ou le bouillon) et les aromates. Porter à ébullition, couvrir, réduire le feu et laisser mijoter 40 minutes.

☞ *Servir avec des croûtons ou un beau morceau de pain complet. Si vous avez un reste de riz cuit, vous pouvez l'ajouter à la recette.*

Potage de l'été indien

Cette soupe délicieuse et nutritive est composée à partir de produits que l'on peut récolter dès la fin de l'été.

Ingrédients   pour 8 portions

2 c. table	d'huile d'arachide de première pression à froid
³/₄ tasse	d'oignons blancs coupés en dés
2 ¹/₂ tasses	de tomates coupées en dés
1 tasse	de maïs en grains
1 ¹/₂ tasses	de courge coupée en dés
³/₄ c. thé	de sel de mer
¹/₂ c. thé	de muscade
3 tasses	d'eau
1 c. table	de "miso" (facultatif)
1 c. table	de persil frais pour décorer

Préparation

1- Faire revenir l'oignon dans l'huile à feu moyen jusqu'à ce qu'il commence à devenir transparent, environ 5 minutes.

2- Ajouter les tomates, la courge, le maïs, le sel, la muscade, le miso, l'ail et l'eau. Couvrir, porter à ébullition, réduire le feu et laisser mijoter 45 minutes.

3- Au moment de servir, décorer avec le persil.

☞ *Le miso est d'origine asiatique. C'est une pâte fermentée faite à partir de fèves de soja; son goût rappelle le bouillon de bœuf, mais en plus délicat. C'est la base de plusieurs plats, entre autres la fameuse soupe Miso offerte dans les restaurants japonais. Vous en trouverez dans votre magasin d'aliments naturels.*

Potage énergie au chou-fleur

Une délicieuse soupe-repas vraiment réconfortante.

Ingrédients   pour 8 à 10 portions

1 c. table	d'huile d'arachide de première pression à froid
1	petit chou-fleur en morceaux
1	oignon émincé
3	pommes de terre moyennes pelées et coupées en dés
4 tasses	d'eau (ou de bouillon)
1 tasse	de tofu émietté
sel de mer, poivre, cayenne au goût	

Pour la présentation
2 c. table	de persil haché frais

Préparation

1- Faire revenir 5 minutes à feu moyen-doux le chou-fleur, l'oignon et les pommes de terre dans l'huile d'arachide.

2- Ajouter l'eau ou le bouillon et porter à ébullition, couvrir, réduire le feu et laisser mijoter à feu bas 20 minutes.

3- Laisser refroidir pour ne pas se brûler, mettre au mélangeur et ajouter le tofu. Liquéfier.

4- Remettre dans la casserole et réchauffer. Ajouter, au goût, le sel, le poivre et le cayenne. Au moment de servir, garnir de persil frais.

☞ *Ce portage se sert chaud ou froid (durant la belle saison); il suffit de l'accompagner d'une belle salade et de crudités assorties.*

Soupe aux champignons-mignons

Grâce au tofu mou, on peut faire des potages et des recettes très crémeuses, très onctueuses, sans utiliser ni gras, ni produits laitiers.

Ingrédients   pour 4 portions

1 c. table	d'huile d'olive de première pression à froid
1	oignon jaune moyen coupé en dés
2	gousses d'ail écrasées
2 c. thé	d'"Herbes magiques" d'Anne-Marie (voir recette plus loin) ou de sel assaisonné (Herbamare ou autre)
1 c. thé	de basilic séché
1/4 c. thé	de poivre moulu
6 tasses	de champignons tranchés
4 tasses	d'eau, de bouillon léger ou de bouillon de légumes
10 onces	(1 paquet) de tofu 'silken"

Pour la présentation :

2 c. thé	de paprika
2 c. table	de persil frais haché

Préparation

1- Dans une grande casserole, verser l'huile; faire sauter à feu moyen les oignons, les champignons, l'ail, le sel, le poivre et les aromates.

2- Lorsque les oignons deviennent transparents, ajouter l'eau (ou le bouillon), réduire le feu et laisser mijoter environ 14 minutes, jusqu'à ce que les champignons soient cuits.

3- Transvider dans le mélangeur, ajouter le tofu et liquéfier jusqu'à ce que la texture soit lisse et crémeuse.

4- Remettre dans la casserole et laisser mijoter à feu doux 5 minutes. Servir chaud et décorer chaque bol avec une pincée de paprika et une petite branche de persil frais.

☞   *Autrefois, on disait que les champignons étaient la nourriture des dieux, qu'ils apportaient force et santé. En fait, 100 grammes de champignons contiennent 3 grammes de protéines et, contrairement à ce qu'on croit, très peu de matières grasses. C'est un aliment riche en fer, en cuivre, en sélénium et en potassium.*

On ne pèle pas les champignons, mais on les nettoie soigneusement juste au moment de les utiliser.

Soupe froide au concombre

Un plat repas d'été délicieusement rafraîchissant.

Ingrédients   pour 8 portions

1 c. table	d'huile de carthame de première pression à froid
1	oignon haché
1	concombre anglais (ou 2 concombres ordinaires) pelés et coupés en dés
2 1/2 tasses	d'eau
1 c. table	de sauce Tamari
1 c. thé	d'aneth en poudre (facultatif)
1 tasse	de tofu mou Norinu
1 c. table	de ciboulette fraîche hâchée
sel, poivre	au goût

Préparation

1- Dans une casserole, faire légèrement suer l'oignon dans l'huile de carthame.

2- Ajouter les morceaux de concombre et l'eau. Amener à ébullition, réduire le feu et laisser mijoter à feu doux une quinzaine de minutes.

3- Mettre au mélangeur, ajouter la sauce Tamari, l'aneth ainsi que le tofu mou et liquéfier.

4- Ajouter ensuite le sel et le poivre et réfrigérer. Au moment de servir, garnir de ciboulette fraîche hachée.

☞ *Pour un repas complet et bien équilibré, servez ce potage froid avec une salade composée et un produit céréalier, comme du pain complet, une salade de pâtes ou une salade de riz.*

Soupe magenta aux betteraves

Cette soupe est si belle et si colorée que vos invités seront épatés dès qu'elle sera servie... Mais attendez qu'ils y goûtent. En passant, elle est absolument exempte de matière grasse et de cholestérol.

Ingrédients   pour 4 portions

4		grosses betteraves avec les tiges, pelées, lavées et coupées en dés
4		grosses pommes de terre lavées, pelées et coupées en dés
1		oignon moyen émincé
1 c. thé		d'estragon
		sel de mer, poivre au goût

Préparation

1- Mettre tous les ingrédients dans une grande casserole, couvrir d'eau et cuire à feu moyen de 15 à 20 minutes, jusqu'à ce que les légumes soient tendres.

2- Passer au mélangeur, mais pas trop longtemps afin de garder de petits morceaux, ce qui rend la texture plus intéressante.

3- Servir chaud ou froid.

☞ *Pour la présentation, on peut ajouter une cuillerée à thé de yogourt de vache ou de chèvre dans chaque bol.*

Si les betteraves sont jeunes ou si vous avez des pommes de terre nouvelles, il n'est pas nécessaire de les peler, mais il faut bien les laver.

Soupe Graminette à l'orge

L'orge mondé n'a perdu que son écorce. L'orge perlé pour sa part a été poli 6 fois et a perdu énormément de valeur nutritive.

Ingrédients   pour 8 portions

½ tasse	d'orge mondé
1 c. à table	d'huile d'olive de première pression à froid
½ tasse	de céleri en dés
1 tasse	de carottes en dés
1	oignon haché
1	gousse d'ail émincée
7 ½ tasses	d'eau
	sel de mer, poivre et cayenne au goût
⅓ tasse	de persil frais haché
Facultatif	
1 tasse	de tofu en cubes ou de poulet en dés

Préparation

1- Placer l'orge mondé dans un bol, recouvrir complètement d'eau bouillante, couvrir et laisser reposer une heure.

2- Dans une grande casserole, faire suer 5 minutes dans l'huile d'olive les dés de céleri, de carotte et l'oignon haché. Ajouter l'ail et cuire une minute de plus.

3- Ajouter l'orge égoutté, 7 ½ tasses d'eau, le sel, le poivre ou le cayenne. Couvrir et cuire à feu moyen 50 minutes. Si on veut faire une soupe-repas, on ajoute à ce stade le poulet ou le tofu.

4- Au moment de servir, ajouter le persil frais haché.

☞ *Pourquoi ne pas préparer cette soupe à l'avance, cela vous fera un repas-éclair réconfortant!*

Soupe provençale au fenouil

En Provence, on raffole du fenouil. Voici une recette idéale pour découvrir ce légume si savoureux. En passant, cette soupe se sert chaude mais aussi froide, l'été.

Ingrédients **pour 8 portions**

2 c. table	d'huile d'olive de première pression à froid
2	bulbes de fenouil finement émincés
1	oignon émincé
4½ tasses	de liquide (bouillon ou eau)
1	feuille de laurier
1 c. table	de cerfeuil ou de persil séché
1 boîte	de tofu mou Norinu
	sel et poivre, au goût

Préparation

1- Faire suer le fenouil et l'oignon émincé dans l'huile environ 8 minutes en remuant 2 ou 3 fois.

2- Ajouter le bouillon (ou l'eau) et la feuille de laurier, couvrir et laisser mijoter 12 minutes.

3- Retirer le laurier, ajouter le cerfeuil ou le persil et le tofu mou, et passer le tout au mélangeur. Saler et poivrer au goût.

☞ *Voici ma version santé d'un potage créé par la mère de mon amie d'enfance, Lise Charest.*

Salades
et
vinaigrettes

Mayonnaise aux noix de cajou

Les noix aussi peuvent servir à monter une belle mayonnaise. Cette recette est donc idéale pour ceux qui doivent éviter les œufs.

Ingrédients   pour ²/₃ tasse

2 c. table	de graines de tournesol nature
2 c. table	de noix de cajou en morceaux
¼ tasse	d'eau
2 c. table	de jus de citron
¼ tasse	d'huile d'olive de première pression à froid
¼ c. thé	de sel de mer

Préparation

1- Moudre finement les morceaux de noix de cajou et les graines de tournesol au mélangeur.

2- Ajouter l'eau et le jus de citron, bien mélanger.

3- Tout en laissant fonctionner le mélangeur, verser l'huile très lentement par l'orifice du couvercle. Mélanger jusqu'à ce que la préparation devienne lisse et épaisse. Saler au goût.

☞ *Cette mayonnaise contient moitié eau, moitié huile; elle est donc faible en gras, malgré son goût onctueux . Conserver au réfrigérateur.*

Mayonnaise Péridot à l'avocat

*Une belle mayonnaise vert pâle, onctueuse et riche...
mais qui ne contient pas d'œuf et, par conséquent, pas de
cholestérol.*

Ingrédients   pour $1/2$ tasse

2 c. table	d'avocat bien mûr
1 c. table	de jus de citron
$1/2$ tasse	d'huile d'olive de première pression à froid

Préparation

1- Mettre l'avocat et de jus de citron au mélangeur. Faire fonctionner 30 secondes.

2- Par l'orifice du couvercle, verser l'huile lentement en filet régulier, tout en faisant fonctionner le mélangeur. Continuer jusqu'à l'obtention de la consistance désirée.

☞ *Une délicieuse garniture pour vos salades ou vos sandwichs. Conserver au réfrigérateur.*

Mayonnaise sublime

Une fois qu'on a goûté à de la vraie mayonnaise maison, celles du commerce perdent leur attrait.

Ingrédients   pour 1 tasse

1	œuf
½ c. table	de moutarde sèche
½ c. table	de jus de citron
½ c. thé	de sel de mer
1 tasse	d'huile de carthame de première pression à froid

Préparation

1- Mettre l'œuf, la moutarde sèche, le jus de citron et le sel au mélangeur. Faire fonctionner 30 secondes.

2- Ajouter l'huile très lentement, en filet régulier, par l'orifice du couvercle, en continuant de faire fonctionner le mélangeur jusqu'à l'obtention d'une consistance onctueuse et épaisse. Conserver au réfrigérateur.

☞ *Cette mayonnaise ne contient que des gras de très bonne qualité, mais il faut tout de même l'utiliser avec parcimonie.*

Salade de légumes cuits
Fascination

Si vous ne digérez pas les crudités, cette salade rafraîchissante est pour vous.

Ingrédients   **pour 4 portions**

4	gousses d'ail pelées entières
2	poivrons (verts, rouges ou un de chaque) coupés en lamelles de ½ pouce
1	gros oignon en tranches de ½ pouce
1	courgette en bâtonnets de ½ pouce
2 c. table	d'huile d'olive de première pression à froid
1 c. table	de basilic séché
1 c. table	d'origan séché
sel de mer, poivre ou cayenne au goût	
1	tomate coupée en dés
½ c. table	de vinaigre de cidre de pomme

Préparation

1- Préchauffer le four à 400°F. Mettre tous les ingrédients sauf le vinaigre dans un plat allant au four (de 8 pouces sur 8), bien mêler et cuire au four 15 minutes, en remuant aux 5 minutes.

2- Ajouter les dés de tomate. Cuire 15 minutes de plus.

3- Au sortir du four, ajouter le vinaigre, remuer et laisser tiédir.

☞ *Cette salade se sert tiède ou complètement refroidie.*

Salade de légumes en fleurs

Cette salade rafraîchissante est faite à partir de légumes « décrûdis », donc idéale pour les gens qui ont du mal avec les crudités.

Ingrédients

pour 4 portions en accompagnement

¹/₂	chou-fleur défait en fleurets
¹/₂	brocoli défait en fleurets
¹/₄ tasse	d'huile d'olive de première pression à froid
1 c. table	de vinaigre de cidre de pomme
1 c. thé	de sauce Tamari
1 c. thé	de gingembre frais râpé
¹/₂	oignon rouge en tout petits dés

Préparation

1- Faire cuire les fleurets de chou-fleur à la vapeur 5 minutes. Ajouter par-dessus le brocoli et cuire 7 minutes de plus.

2- Pendant ce temps, préparer la vinaigrette comme suit. Dans un grand saladier, mêler au fouet l'huile d'olive, le vinaigre de cidre de pomme, la sauce Tamari, le gingembre et les dés d'oignon.

3- Ajouter les légumes cuits dans le saladier et bien mêler. Servir tiède ou refroidi.

☞ *Le brocoli et le chou-fleur sont des crucifères, c'est -à-dire des légumes-fleurs dont la tige est en forme de croix. Ils sont riches en vitamines, en calcium, en phosphore, en potassium et en fibres.*

Salade de pâtes Arc-en-ciel

Qui n'aime pas les salades de pâtes? Celle-ci est facile à préparer. Si vous utilisez des pâtes tricolores de céréales complètes, vous aurez une salade de toutes les couleurs de l'arc-en-ciel.

Ingrédients   pour 4 à 6 portions

2 tasses	de pâtes courtes (macaroni, coquilles, spirales) de grain complet (blé entier, quinoa, épeautre, etc.)
1 tasse	de tofu ferme coupé en petits cubes
1	oignon haché finement
³/₄ de tasse	de "Vinaigrette éclair passe-partout" (recette dans ce livre)
1 tasse	de fleurets de brocoli cuits à la vapeur
1 tasse	de carottes en dés cuites à la vapeur

Préparation

1- Cuire les pâtes selon les instructions de l'emballage; les égoutter et les laisser refroidir.

2- Transférer les pâtes dans un saladier ou un grand bol; ajouter les cubes de tofu, les morceaux d'oignon et la vinaigrette "passe-partout". Mélanger le tout.

3- Laisser macérer au réfrigérateur quelques heures (ou toute la nuit).

4- Au moment de servir, ajouter les morceaux de brocoli et de carotte.

☞ *Cette recette se conserve quelques jours au réfrigérateur.*

Vous trouverez la recette de la vinaigrette éclair "passe-partout" un peu plus loin dans ce livre.

Salade de pommes de terre verte

Cette salade de pommes de terre, d'avocat et d'olives séduit les palais les plus difficiles.

Ingrédients   pour 6 portions

4 tasses	de pommes de terre cuites et coupées en dés
2	oignons verts hachés
2	petits avocats (ou un gros) mûrs, en dés
³/₄ tasse	d'olives noires tranchées
2 c. table	d'huile d'olive de première pression à froid
2 c. thé	de jus de citron
	sel de mer, poivre au goût,
¹/₂ c. thé	de paprika
1 c. table	de persil frais haché

Préparation

1- Mêler délicatement les pommes de terre, les oignons verts, l'avocat et les olives.

2- Verser aussitôt l'huile d'olive, le jus de citron, le sel et le poivre. Mêler délicatement.

3- Décorer de paprika et de persil frais.

☞ *On doit préparer ce plat à la dernière minute, afin qu'il garde sa jolie couleur vert tendre.*

Salade de riz aux noix Père Noël ou farce de riz aux noix Père Noël

Une salade ou une farce pour la dinde dont on vous parlera longtemps. Idéal pour un buffet à l'occasion des Fêtes.

Ingrédients

pour 6 portions de salade ou de farce

Pour la salade ou la farce

1 ½ tasses	de riz brun cuit
1 tasse	d'amandes nature hachées
½ tasse	de noix de cajou hachées
½ tasse	de raisins secs
2 c. table	de ciboulette fraîche hachée ou d'oignons verts hachés
1	orange pelée, séparée en quartiers et hachée

sel et poivre, au goût

Sauce pour la salade

½ tasse	d'huile d'olive de première pression à froid
1 once	de vinaigre de cidre de pomme ou de jus de citron ou de jus d'orange

Préparation

1- Dans un grand bol, mêler ensemble tous les ingrédients.

2- Pour la salade, ajouter la vinaigrette faite à partir d'huile d'olive et de vinaigre de cidre (ou de jus de citron ou d'orange). Bien mêler.

☞ *Une bonne façon de passer vos restes de riz.*

Lorsqu'on fait une farce, il est préférable de la faire cuire au four, mais dans un contenant à part et non pas à l'intérieur de la dinde ou de la volaille.

Salade Symphonie

*En plus d'être délicieuse, cette salade et particulière-
ment tonifiante durant la saison froide. C'est comme une
bouffée d'air ensolleillé.*

Ingrédients   pour 4 portions

3	carottes râpées
1	rabiole râpée
2	panais râpés
2	branches de céleri en petits dés
1	oignon vert tranché finement
4 c. table	d'huile d'olive de première pression à froid
1 c. table	de vinaigre de cidre de pomme
sel et poivre au goût	
Pour la présentation	
4	belles feuilles de laitue ou de radicchio

Préparation

1- Dans un bol bien mêler les légumes. Verser dessus
l'huile et le vinaigre, saler et poivrer et bien remuer.

2- Servir sur les feuilles de laitue ou de radicchio.

☞ *Une salade tout à fait différente et pleine de vitamines.*

Vinaigrette éclair ''passe-partout''

J'aime beaucoup cette vinaigrette parce qu'on peut s'en servir sur n'importe quoi... ou presque.

En passant, c'est la sauce parfaite pour la recette de "Salade de pâtes Arc-en-ciel" que vous trouverez dans ce livre.

Ingrédients   pour 1 tasse

¹/₂ tasse	d'huile d'olive de première pression à froid
¹/₄ tasse	de jus de citron
¹/₂ tasse	de vinaigre de cidre de pomme
2 c. table	d'origan séché
1 c. thé	de thym séché
2 c. table	de basilic séché
2 c. thé	de moutarde sèche en poudre
1 ¹/₂	gousses d'ail

Préparation

1- Mettre tous les ingrédients au mélangeur et liquéfier une minute.

2- Servir sur le champ ou réfrigérer.

☞ *Cette sauce à salade simple comme bonjour se conserve jusqu'à deux semaines au réfrigérateur.*

Vinaigrette Nuage

Voici une vinaigrette allégée qui porte bien son nom: elle est légère comme un nuage, mais capable de rehausser les salades les plus ternes.

Ingrédients   pour ½ tasse

½ tasse	de bouillon de légumes (maison ou en cube)
3 c. table	d'huile d'olive de première pression à froid
1 c. table	de moutarde de Dijon
2 c. thé	de vinaigre de cidre de pomme
1 c. thé	de sauce Tamari

Préparation

1- Bien mélanger tous les ingrédients. Conserver au réfrigérateur.

Variante

Vinaigrette Nuage à la française

Remplacer la moutarde par une c. à table de pâte de tomate et une pincée de cayenne.

Plats principaux

Aubergine al'Italia

Un plat principal qui vous donnera l'impression de visiter le pays de mes ancêtres.

Ingrédients   **pour 4 portions**

1	oignon haché fin
1 c. table	d'huile d'olive de première pression à froid
2	gousses d'ail émincées
1 boîte	(14 onces) de tomates passées au mélangeur
1 c. table	de basilic séché
1 c. thé	d'origan séché
1 c. thé	de sel de mer
1	grosse aubergine en tranches de 1/4 de pouce
1 tasse	de tofu émietté à la fourchette
2/3 tasse	de chapelure sèche

Préparation

1- Préchauffer le four à 350°F. Dans une casserole, faire suer l'oignon cinq minutes dans l'huile d'olive. Ajouter l'ail et cuire une minute de plus. Ajouter les tomates passées au mélangeur, le basilic, l'origan et le sel. Laisser mijoter 15 minutes à découvert.

2- Couper l'aubergine en tranches, en déposer la moitié dans un moule de 13 pouces sur 9 légèrement huilé, verser la moitié de la sauce de tomate. Déposer ensuite le reste des aubergines, puis la tasse de tofu émietté et le reste de sauce. Recouvrir de chapelure. Cuire au four 30 minutes.

☞ *Pourquoi ne pas servir ce plat avec une belle salade et des légumes verts?*

Boulettes caroussel
aux fines herbes

Un repas aussi appétissant que savoureux; les enfants en raffolent.

Ingrédients   pour 4 à 6 portions

2 c. table	d'huile d'olive de première pression à froid
1	petit oignon haché finement
1 paquet	(10 à 12 onces) de tofu égoutté, écrasé à la fourchette
½ tasse	de chapelure sèche (faite de pain complet)
2 c. table	de farine complète (blé entier à pâtisserie, épeautre, riz ou autre)
2 c. table	de persil frais haché
2 c. thé	de basilic séché
1 c. thé	d'origan séché
2 c. thé	de sauce Tamari
1 gousse	d'ail émincée
¾ tasse	de coulis de tomate ou de sauce tomate

Préparation

1- Préchauffer le four à 375°F. Faire suer l'oignon émincé dans une cuillerée à table d'huile d'olive.

2- Bien mêler le tofu émietté, l'oignon, la chapelure, la farine complète, le persil, l'origan, le basilic, l'ail et la sauce Tamari. Façonner des petites boulettes d'environ un pouce et demi de diamètre.

3- Avec le reste d'huile d'olive, huiler légèrement une plaque à biscuits et disposer les boulettes. Cuire 40 minutes au four en retournant 2 fois. Servir nappé de coulis de tomates ou de sauce tomate.

☞ *Variante: Spaghetti aux boulettes végétariennes*

On peut également servir ce plat comme sauce à spaghetti aux boulettes; il suffit de la servir sur de belles pâtes de blé entier. Un régal !

Burger "petit gourmand" aux pois cassés

Qui n'aime pas un bon hamburger? Voici une recette que j'ai mise au point spécialement pour vous.

Ingrédients   pour 12 burgers

1 tasse	de pois jaunes cassés
3 tasses	d'eau
1 c. table	de sarriette séchée
½ c. thé	de poudre d'ail
Ou au lieu de ce qui précède 2 tasses de pois jaunes cuits	
¼ tasse	de chapelure sèche
1	pomme de terre moyenne râpée
1	carotte moyenne râpée
¼ tasse	de graines de sésame rôties (sinon d'amandes crues moulues)
1	œuf battu
1 c. thé	de persil séché
1 c. thé	de basilic séché

Préparation

1- Dans une casserole couverte, faire cuire les pois dans l'eau avec la sarriette et la poudre d'ail 45 minutes. Les pois se transformeront en purée. On peut également utiliser 2 tasses de pois déjà cuits.

2- Préchauffer le four à 350°F. Dans un grand bol, mettre les 2 tasses de pois jaunes cuits ou préparés, la chapelure sèche, la pomme de terre râpée, la carotte râpée, les graines de sésame (ou les amandes crues moulues), l'œuf battu, le persil et le basilic. Bien mêler avec une cuiller de bois.

3- Façonner 12 burgers à la main et les disposer sur une plaque légèrement huilée. Cuire au four 45 minutes.

☞ *Évidemment, vous pouvez manger ces burgers dans des petits pains de blé entier avec vos condiments favoris... Mais vous pourriez aussi les servir avec un beau coulis de tomates.*
Ces burgers sont également délicieux froids en sandwich, ou tels quels, comme un pain de viande.

Casserole de lentilles Émilie

Une bonne source de protéines, de légumes et même de produit céréalier, puisque le maïs est une céréale.

Ingrédients   pour 2 ou 3 portions

1 c. table	d'huile d'olive de première pression à froid
1	oignon moyen en dés
2	carottes en dés
1	branche de céleri en dés
3½ tasses	de liquide (eau ou bouillon)
½ tasse	de lentilles triées et rincées
1 pincée	de sarriette
1	feuille de laurier
1 tasse	de maïs en grains (congelé ou frais)
2	gousses d'ail émincées
1 pincée	de cayenne (ou de poivre)
1 pincée	de muscade
1 pincée	de cannelle
1 c. table	de sauce Tamari
le zeste d'une orange (facultatif)	

Préparation

1- Dans une grande casserole, faire tiédir l'huile d'olive. Ajouter les morceaux d'oignon, de carotte et de céleri et faire sauter de 6 à 7 minutes.

2- Ajouter l'eau ou le bouillon, les lentilles, la sarriette et la feuille de laurier. Couvrir et mijoter à feu moyen-doux 30 minutes.

3- Ajouter le maïs en grains, l'ail et les épices. Recouvrir et laisser mijoter 10 minutes de plus.

4- Au moment de servir, ajouter la sauce Tamari et (si vous le voulez) le zeste d'une orange.

☞ *Un plat santé, complet ... et bon marché!*

Casserole de lentilles Lustucru

Ce plat succulent, plein de protéines et de belles vitamines, pourra satisfaire même un appétit d'ogre!

Ingrédients   pour 4 à 6 portions

1 c. table	d'huile d'olive de première pression à froid
1	gros oignon en dés
3	carottes en dés
3	branches de céleri en dés
1 ou 2	gousses d'ail émincées
1¼ tasses	de lentilles (vertes ou brunes) rincées et triées
4 tasses	de bouillon ou d'eau
1 boîte	(19 onces) de tomates avec leur jus
1 c. thé	de sarriette séchée
1 feuille	de laurier
4	pommes de terre pelées en gros dés
1 c. table	de sauce Tamari

Préparation

1- Dans une grande casserole, faire suer 5 minutes, à feu moyen, les dés d'oignon, de carotte et de céleri dans l'huile d'olive. Ajouter l'ail et cuire une minute de plus.

2- Ajouter les lentilles, le liquide, les tomates et leur jus, la sarriette ainsi que la feuille de laurier. Couvrir, réduire le feu et laisser mijoter 40 minutes.

3- Ajouter les pommes de terre, recouvrir et laisser cuire 20 minutes. Au moment de servir, retirer la feuille de laurier et ajouter la sauce Tamari.

☞ *Quelques légumes verts cuits ou en salade et voilà un repas bien équilibré.*

Chili végétarien

Le chili est un plat typique du Mexique qui fait fureur aux États-Unis. À l'origine, il est composé de haricots ou de lentilles et de bœuf, mais on peut tout aussi bien en faire une version végétarienne.

Ingrédients pour 4 portions

1 c. table	d'huile d'olive de première pression à froid
2	carottes coupées en dés
1	poivron vert coupé en dés
1	gros oignon coupé en dés
1 boîte	(540 ml) de tomates écrasées grossièrement avec leur jus
2	gousses d'ail émincées
1	feuille de laurier
une pincée de cayenne	
2 c. thé	d'assaisonnement de type «chili»
2 tasses	de fèves pinto égouttées (déjà cuites ou en conserve)
½ tasse	de lentilles orange
½ tasse	d'eau
1 c. table	de sauce Tamari

Préparation

1- Dans une grande casserole, faire revenir 10 minutes les carottes, le poivron et l'oignon dans l'huile d'olive.

2- Ajouter les tomates et leur jus, l'ail, la feuille de laurier, la pincée de cayenne, l'assaisonnement type «chili», les fèves pinto, les lentilles orange et l'eau. Couvrir et cuire 15 minutes à feu doux.

3- Au moment de servir, ajouter la sauce Tamari.

☞ *Ce plat se sert sur du riz; accompagné d'une salade, vous avez un repas digne du meilleur restaurant mexicain et tout à fait exempt de cholestérol.*

Frittata florentine aux légumes

La frittata est une omelette italienne ou, si vous préférez, une quiche sans pâte.

Ingrédients   pour 6 portions

2	oignons hachés
2 tasses	de champignons (ou de zucchini) tranchés finement
1	tomate tranchée
3½ tasses	d'épinards hachés
2 paquets	(450 ou 500 grammes) de tofu
½ tasse	de lait de soya nature
1 c. thé	de levure "Engévita"
2 c. table	de fécule d'arrowroot
½ c.thé	de cardamome
½ c. thé	de muscade
½ c. thé	de basilic séché
1 c. thé	d'huile d'olive de première pression à froid

Préparation

1- Préchauffer le four à 350°F. Faire suer l'oignon dans l'huile d'olive. Ajouter les champignons ou les zucchini et faire sauter jusqu'à ce que les légumes soient tendres. Ajouter les épinards et retirer du feu.

2- Au robot ou au mélangeur, réduire en purée le tofu, le lait de soya, la fécule d'arrowroot, la levure ainsi que les épices et les aromates.

3- Ajouter les légumes, sauf la tomate, et verser dans un moule de 9 pouces légèrement huilé. Garnir avec les tranches de tomates.

4- Cuire au four 45 minutes. Laisser refroidir au moins 10 minutes; servir en pointes.

☞ *Une belle salade, une tranche de pain complet, et voilà un repas succulent.*

Lasagne Louise

Cette recette m'a été donnée par ma bonne amie Louise... un vrai régal!

Ingrédients

pour 4 portions

1 paquet	de lasagne au blé entier ou à l'épeautre
1 sac	(10 onces) d'épinards frais
³/₄ tasse	de fromage de chèvre râpé
2 tasses	de sauce tomate

Préparation

1- Préchauffer le four à 350°F. Faire cuire les lasagnes selon les instructions de l'emballage.

2- Pendant ce temps, faire cuire les épinards à la vapeur 3 minutes.

3- Dans un plat allant au four, monter la lasagne comme suit. Commencer par ¼ tasse de sauce, une rangée de pâte, puis le tiers des épinards. Répéter. Terminer avec la sauce puis recouvrir du fromage râpé.

4- Cuire au four 20 minutes, puis mettre à griller (broil) 5 minutes.

☞ *Un plat facile à faire qui plaira à tous vos convives.*

Mon macaroni au gratin

Une recette pour deux.... mais, comme les enfants en raffolent, vous n'avez qu'à doubler les ingrédients. Votre petite famille sera ravie.

Ingrédients   pour 2 portions

1 ½ tasses	de macaronis complets (blé entier, épeautre, etc.)

Pour la sauce

½ tasse	de noix de cajou
½	poivron (préférablement rouge pour la couleur)
½	oignon en dés
2 c. table	de levure "Engévita"
2 c. table	de jus de citron frais
1	gousse d'ail émincée
2 c. table	de sauce Tamari
1 ¼ tasses	plus 2 cuillerées à table d'eau

Pour le gratin

3 c. table	de chapelure ou de germe de blé
1 c. table	de persil frais

Préparation

1- Préchauffer le four à 350° F. Faire cuire les macaronis selon les indications de l'emballage.

2- Préparer la sauce comme suit. Mettre les noix de cajou au mélangeur et les réduire en poudre. Ajouter ensuite les autres ingrédients de la sauce et liquéfier, jusqu'à ce que le mélange soit homogène.

3- Réchauffer la sauce dans une casserole afin de la faire épaissir.

4- Mettre les macaronis dans un plat à gratiner, napper de sauce, recouvrir de chapelure (ou de germe de blé) et de persil. Cuire au four 15 minutes.

☞ *Une autre version « santé » d'un plat toujours apprécié.*

Pain de viande (sans viande) ABC

D'où vient ce nom? C'est que ce plat regorge de vitamine A qu'on retrouve dans les carottes, de vitamine du complexe B, dans le riz complet, et de vitamine C dans le poivron vert.

Ingrédients   pour 6 à 8 portions

3	carottes râpées
1	oignon émincé
1	poivron vert en petits dés
1/2 tasse	de graines de tournesol nature
1/2 tasse	d'amandes ou de noix de Grenoble
2	œufs
1 c. thé	de sauce Tamari
2 c. table	de levure «Engévita» (facultatif)
1/4 c. thé	de basilic séché
1/4 c. thé	d'origan séché
1 tasse	de riz brun cuit

Préparation

1- Préchauffer le four à 350°F. Dans un moulin à café, moudre les graines de tournesol et les amandes (ou les noix de Grenoble).

2- Battre légèrement les œufs. Ajouter la sauce Tamari, la levure, le basilic et l'origan. Ajouter ensuite les noix et les graines, puis les légumes et finalement le riz.

3- Déposer dans un moule légèrement huilé de 9 pouces sur 5 pouces. Cuire au four 30 minutes.

☞ *Vous avez 3 légumes, des protéines, des produits céréaliers... Il ne vous manque qu'une belle salade fraîche.*

En passant, ce pain de viande est délicieux chaud ou froid.

Pesto al' Basilico

Voici une recette qui vient tout droit du pays de mes grands-parents, l'Italie. Sur des linguini, c'est un vrai régal.

Ingrédients   **pour 4 portions**

1 tasse	de basilic frais haché (ou 2 c. table de basilic séché)
4	gousses d'ail écrasées
6	amandes
$\frac{1}{3}$ tasse	d'huile d'olive de première pression à froid
$\frac{1}{2}$ c. thé	de sel de mer
Facultatif	
1 c. table	de fromage Romano ou Soyco râpé

Préparation

1- Combiner tous les ingrédients et le fromage (facultatif) dans le mélangeur et liquéfier.

2- Servir sur des pâtes complètes (blé entier, épeautre, quinoa, etc.) cuites selon les instructions de l'emballage.

☞ *En Italie, on mêle une partie de la sauce avec les pâtes avant de les servir; ainsi elles prennent bien la saveur de la sauce.*

Cette sauce Pesto peut également faire vos délices sur du poulet, des légumes ou du poisson.

Pot-au-feu aux lentilles

Six beaux légumes, pleins de protéines et de fibres, tout ça dans une seule casserole.

Ingrédients   pour 4 ou 5 portions

2 tasses	de lentilles brunes cuites ou en conserve
1 c.table	d'huile d'arachide ou d'olive de première pression à froid
1	oignon moyen émincé
4	carottes tranchées
2	branches de céleri en tranches
1	gousse d'ail émincée
½	pomme pelée coupée en dés
2 tasses	d'eau
1	zucchini tranché
1 tasse	de haricots verts congelés
2 c. thé	de sauce Tamari
2 c. table	de persil frais haché
2 c. table	d'amandes effilées (facultatif)
poivre ou cayenne au goût	

Préparation

1- Dans l'huile d'arachide (ou d'olive), faire suer l'oignon ainsi que les tranches de carotte et de céleri 5 minutes. Ajouter l'ail et laisser suer une minute de plus.

2- Ajouter les lentilles cuites, la demi pomme en dés et l'eau. Amener à ébullition, couvrir, réduire le feu et mijoter 10 minutes.

3- Ajouter le zucchini tranché, les haricots verts et cuire 7 minutes.

4- Au moment de servir, ajouter la sauce Tamari, le persil, les amandes (facultatif), le poivre ou le cayenne au goût.

☞ *Avec une portion de céréales ou une belle tranche de pain complet, voilà un repas réconfortant et bien équilibré.*

Quiche à l'oignon Idéale

En plus d'être délicieuse, cette quiche est faite sans produit laitier, sans œuf et sans cholestérol... Mais quel petit goût du tonnerre!

Ingrédients   pour 4 portions

1	abaisse de tarte crue (maison ou du commerce)
2	oignons moyens hachés ou en fines lamelles
1 c. table	d'huile d'arachide de première pression à froid
1 c. table	d'eau
2 tasses	de tofu émietté bien tassé
1/2 c. table	de sel de mer
1 c. table	d'estragon (ou d'aromate à votre choix) séché
1 c. table	de sauce Tamari
1/8 c. table	de curcuma
1/4 à 1/2	tasse d'eau

Préparation

1- Préchauffer le four à 350°F. Préparer la garniture comme suit. Faire dorer les oignons hachés ou en lamelles dans l'huile environ 15 minutes. Ajouter la cuillerée à table d'eau, couvrir et laisser cuire 5 minutes de plus.

2- Pendant ce temps, liquéfier au mélangeur les 2 tasses de tofu émietté, les épices, les aromates et la sauce Tamari, ainsi qu'un quart de tasse d'eau. La préparation doit être bien lisse; au besoin ajouter un peu plus d'eau.

3- Ajouter les oignons à la main et mettre le tout dans l'abaisse. Cuire au four 35 minutes. Laisser reposer 10 minutes avant de servir.

☞ *Accompagné d'une belle salade verte, voilà un repas complet. Vous pouvez utiliser la recette "La pâte à tarte de Lyne" (voir "Les Recettes d'Anne-Marie", tome 1) ou encore la "Croûte super-facile" que vous trouverez dans ce volume.*

Tofu à la King
ou poulet santé à la King

On connaît tous le fameux poulet à la King dans sa sauce onctueuse. Voici ma version végétarienne de ce classique. Au fait, rien ne vous empêche de remplacer le tofu par du poulet; vous aurez alors un plat délicieux, mais plus « santé » que la recette traditionnelle.

Ingrédients   pour 4 à 6 portions

4 tasses	de champignons (ou de zucchini) tranchés
1	poivron vert en petits dés
2 tasses	de cubes de ½ pouce de tofu (ou de poulet cuit)
4 c. table	d'huile d'arachide de première pression à froid
3 c. table	de farine complète (blé, épeautre ou autre)
3 tasses	de lait de soya nature
1	oignon vert en petites rondelles
sel de mer, poivre et muscade ou paprika au goût	

Préparation

1- Faire revenir à feu moyen-doux les champignons et le poivron dans l'huile, jusqu'à ce qu'ils soient tendres. Ajouter la farine et cuire 2 minutes de plus, en brassant.

2- Retirer du feu, ajouter d'un coup de lait de soya, bien brasser. Remettre sur le feu, amener à ébullition en remuant constamment jusqu'à ce que le mélange commence à épaissir.

3- Ajouter le tofu, le sel, le poivre, et l'oignon vert. Réchauffer. Au moment de servir, saupoudrer d'un soupçon de muscade ou de paprika.

☞ *Servir sur des timbales, des rôties, du riz ou encore des pâtes. C'est un vrai régal.*

Tofu Cacciatore

Ma version santé de ce classique de la cuisine italienne.

Ingrédients   pour 4 à 6 portions

2 c. table	d'huile d'olive de première pression à froid
1	oignon haché fin
1	carotte en petits dés
½	poivron en dés
2 tasses	de sauce tomate
1 feuille	de laurier
1 gousse	d'ail émincée
2 c. thé	de basilic séché
½ c. thé	d'origan séché
2 tasses	de macaronis de céréales entières, cuits selon les directives de l'emballage
2 tasses	de tofu ferme coupé en cubes
⅓ tasse	de farine complète (blé entier à "pâtisserie", épeautre)

Préparation

1- Dans une cuillerée à table d'huile d'olive, faire revenir à feu moyen l'oignon, la carotte et le poivron. Ajouter la sauce tomate, la feuille de laurier, l'ail, la moitié du basilic et l'origan; laisser mijoter 10 à 12 minutes.

2- Pendant ce temps, faire cuire les macaronis selon les directives de l'emballage.

3- Saupoudrer les cubes de tofu de farine de blé entier (ou d'épeautre) et du reste de basilic; les faire sauter au poêlon dans le reste de l'huile d'olive jusqu'à ce qu'ils commencent à dorer. Ajouter les cubes de tofu à la sauce tomate, retirer la feuille de laurier et servir sur les macaronis.

☞ *Une belle salade verte ou quelques crudités et voici un repas complet, rempli de protéines et exempt de cholestérol!*

Tofu pané au sésame

Vous aimez les panures... mais vous n'osez pas en consommer pour votre santé? Essayez cette recette, vous en raffolerez. Et si vous connaissez quelqu'un qui «déteste» le tofu, faites lui goûter ces croquettes sans lui dire ce que c'est.

Ingrédients   pour 3 ou 4 portions

1	paquet de tofu (225 à 300 grammes)
1	œuf
1 c.thé	de sauce Tamari
2 c. thé	d'eau
¼ tasse	de graines de sésame nature
¼ tasse	de germe de blé ou de chapelure sèche
1 c. table	d'huile d'arachide de première pression à froid

Préparation

1- Couper le bloc de tofu en 6 tranches égales.

2- Dans un premier bol, mélanger l'œuf, le Tamari et l'eau.

3- Dans un deuxième bol, mêler les graines de sésame et la chapelure ou le germe de blé.

4- Tremper les tranches de tofu dans le premier bol afin de les humecter. Les rouler ensuite dans le second bol, en veillant à ce que le mélange sec les recouvre bien.

5- Faire revenir au poêlon, dans l'huile d'arachide, à feu moyen-doux, de 3 à 4 minutes par côté. Servir chaud ou froid.

☞ *Servir chaud, avec une portion de céréales et des légumes. Froid, ou même dans un sandwich, c'est excellent.*

Accompagnements

Aspic du printemps

*L'hiver est parfois bien long... ce plat mettra du soleil
dans votre cuisine!*

Ingrédients   pour 6 portions

2 tasses	de jus de carotte (à l'extracteur ou du commerce. À la rigueur on peut prendre du jus de légumes)
2 tasses	d'eau
3/4 tasse	de flocons d'agar-agar
1/2 tasse	de céleri en dés
1/2 tasse	de carottes en dés
1/2 tasse	d'oignons verts en rondelles
1/2 tasse	de petits pois verts
1 c. table	de persil séché
1 c. thé	de basilic ou d'estragon séché
1 c. thé	de sel de mer (facultatif)
2 c. table	de jus de citron frais

Préparation

1- Dans une casserole, mettre le jus de carotte (ou de légumes), l'eau et l'agar-agar. Bien remuer et laisser tremper 10 minutes, le temps de préparer les légumes.

2- Ajouter les carottes, le céleri, les aromates et le sel. Porter à ébullition et mijoter à découvert de 12 à 15 minutes.

3- Retirer du feu, ajouter le jus de citron, les oignons verts et les petits pois; puis transvider dans un moule légèrement huilé.

4- Mettre au réfrigérateur; votre aspic sera «pris» au bout de 2 heures environ. Servir sur une belle feuille de verdure.

☞ *L'"agar-agar", qu'on appelle aussi "gélose", est une algue tout à fait naturelle qui a des propriétés similaires à la gélatine. On la retrouve sous diverses formes dans les magasins d'aliments naturels; celle en flocons est la plus facile à utiliser.*

Chow Mein à la Chang-Hai

Le Chow Mein est un plat chinois bien connu; cette version «santé» ne laisse pas sa place. Voici donc une nouvelle façon de présenter vos légumes à l'orientale.

Des baguettes, un bol de riz complet, du thé au jasmin, et voilà un repas chinois du tonnerre.

Ingrédients   **pour 4 portions**

1 c. table	d'huile d'arachide de première pression à froid
1 ½ tasses	de céleri finement tranché en diagonale
1 tasse	d'oignons émincés
1 tasse	de poivron vert émincé ou de champignons tranchés
1	gousse d'ail émincée
1 tasse	d'eau
2 c. thé	de sauce Tamari
1 c. thé	d'arrowroot (ou de fécule de maïs)
1 tasse	de germe de soya (ou de mung)
Facultatif	
³/₄ tasse	de poulet cuit ou de tofu en cubes

Préparation

1- Dans une casserole, faire suer 15 minutes le céleri, l'oignon et le poivron vert ou les champignons dans l'huile d'arachide. Ajouter la gousse d'ail et faire cuire 1 minute de plus.

2- Ajouter l'eau, la sauce Tamari, l'arrowroot ou la fécule de maïs, et porter à ébullition en remuant constamment. Ajouter les germes de soya ou de mung et, si vous le désirez, le poulet ou les cubes de tofu. Réduire le feu et cuire de 4 à 5 minutes.

☞   *Dans les magasins asiatiques, on trouve des champignons chinois séchés délicieux; vous pouvez vous en servir dans cette recette, mais ne les ajoutez qu'à la seconde étape, en même temps que l'eau.*

Courgettes Colombine

Un plat de courgettes farcies qui ravira votre petit monde.

Ingrédients   pour 6 portions

3	grosses courgettes (zucchini)
1	oignon en dés
1	poivron en dés (rouge ou vert, au choix)
½ tasse	de tomates fraîches en dés
1 tasse	de bouillon dégraissé (ou sinon de jus de tomates)
½ c. thé	d'origan séché
½ c. thé	de basilic séché
1	gousse d'ail hachée
1 c. table	de sauce Tamari
1 c. table	d'huile d'olive de première pression à froid
1 tranche	de pain complet sec (ou rôti) émiettée

Préparation

1- Préchauffer le four à 350°F. Couper les courgettes en 2 dans le sens de la longueur, les évider à la cuiller en laissant une bordure d'environ ¼ de pouce. Couper la chair en dés et réserver.

2- Dans un grand chaudron, laisser tiédir l'huile, ajouter les morceaux d'oignon ou de poivron et faire suer 5 minutes. Ajouter les tomates, la chair de zucchini et l'ail; mélanger et cuire une minute de plus.

3- Ajouter alors les épices, la sauce Tamari et ¼ de tasse du bouillon ou du jus. Cuire 10 minutes.

4- Farcir les barquettes de zucchini de ce mélange, les placer dans un plat allant au four et verser le reste du liquide autour. Saupoudrer les zucchini de pain émietté. Cuire au four de 20 à 25 minutes.

☞ *Servir ce plat avec une protéine et une belle salade, le tour est joué!*

Crêpes Bangkok à la thaïlandaise

La Thaïlande, qu'on appelait anciennement le Siam, est réputée pour sa cuisine savoureuse et raffinée. Voici un accompagnement qui ravira les palais les plus capricieux.

Ingrédients   pour 4 crêpes

³/₄ tasse	de farine de riz
³/₄ tasse	de farine de blé entier "à pâtisserie" ou d'épeautre
1 c. thé	d'huile de sésame de première pression à froid
¹/₂ c. thé	de sel de mer
1	gros œuf battu
6	oignons verts tranchés
1 c. table	(au besoin) d'huile d'arachide de première pression à froid

Préparation

1- Dans un bol, verser la farine de riz et la farine de blé (ou d'épeautre). Incorporer lentement la tasse d'eau, en brassant jusqu'à ce que la pâte soit très lisse. Ajouter le sel et l'huile de sésame et brasser à nouveau. Ajouter l'œuf battu et les oignons verts et brasser encore. Couvrir, réserver et laisser reposer au moins 30 minutes.

2- Après ce temps, huiler légèrement un poêlon avec un peu d'huile d'arachide. Verser le quart du mélange au poêlon, façonner une crêpe et la cuire à feu moyen 3 ou 4 minutes, jusqu'à ce qu'elle soit bien dorée. La retourner avec une spatule et faire dorer l'autre côté 2 ou 3 minutes.

3- Procéder de la même manière pour les autres crêpes, en ajoutant un soupçon d'huile d'arachide entre chaque, au besoin.

☞ *Servir avec une salade et une protéine. C'est délicieux tel quel ou avec un coulis de tomates.*

Gratin tête-à-tête

Voici un repas délicieux pour votre prochain dîner en tête-à tête... mais rien ne vous empêche de doubler les quantités et de régaler votre petite famille.

Ingrédients   pour 2 portions

1 c. thé	d'huile d'arachide de première pression à froid
1 tasse	de champignons tranchés (ou de zucchini)
½ tasse	de poivron haché
½ tasse	d'oignon haché
1	gousse d'ail émincée
1 c. table	d'eau
4	tranches de pain complet émiettées à la main
1	œuf
4 c. table	de fromage Romano (ou de Soyco) râpé
¾ tasse	de tofu émietté
sel de mer et poivre, au goût	

Préparation

1- Préchauffer le four à 350°F. Dans un grand poêlon, faire suer dans l'huile les champignons ou le zucchini, le poivron, l'oignon, l'ail et la cuillerée d'eau.

2- Retirer du feu et ajouter le pain émietté. Couvrir et laisser gonfler 10 minutes.

3- Ajouter l'œuf battu, 3 c. à table de Romano (ou de Soyco) et le tofu émietté; assaisonner de sel et de poivre. Verser cette préparation dans un plat huilé allant au four.

4- Saupoudrer d'une cuillerée à table de Romano (ou de Soyco) et cuire au four 20 minutes.

☞ *Le "Soyco" est une préparation à base de soya, ressemblant à s'y méprendre à du fromage en poudre. Vous le trouverez dans votre magasin d'aliments naturels.*

Légumes à la sauce aux arachides

Voici un plat complet, prêt en 30 minutes. Les arachides, des légumineuses, fournissent les protéines. Si vous êtes intolérants à celles-ci, vous n'avez qu'à les remplacer par des amandes.

Ingrédients   **pour 3 ou 4 portions**

2	grosses pommes de terre (ou 3 moyennes) en morceaux d'un pouce
2	carottes en tranches d'un pouce
1	poivron rouge (ou vert) en lamelles
1	poignée d'haricots verts
1	zucchini tranché

Pour la sauce

1 tasse	d'eau ou de bouillon
½ tasse	de beurre d'arachides nature (ou de beurre d'amandes)
1	gousse d'ail émincée
1 c. table	de sauce Tamari
¼ c. thé	de cayenne (ou moins, au goût)

Pour la présentation

¼ tasse	d'arachides (ou d'amandes) grossièrement hachées

Préparation

1- Faire cuire les légumes 20 minutes à la vapeur. On peut également choisir d'autres légumes.

2- Pendant ce temps, préparer la sauce. Dans une casserole, mélanger l'eau (ou le bouillon), le beurre d'arachides (ou d'amandes), l'ail, la sauce Tamari et le cayenne. Chauffer à feu moyen en remuant, porter à ébullition, réduire le feu et cuire 6 minutes de plus.

3- Verser la sauce sur les légumes cuits et saupoudrer de morceaux d'arachides ou d'amandes pour décorer.

☞ *Un met savoureux d'influence séchouanaise qui fera le bonheur de votre petit monde.*

Poivrons farcis à la méridionale

Un plat toujours appétissant.

Ingrédients   **pour 4 portions**

4	poivrons lavés, épépinés
1 ¹/₂ tasses	d'eau bouillante environ

Pour la farce

4 tasses	de cubes de pain complet (sec ou non)
¹/₂ c. thé	de thym seché
¹/₂ c. thé	de sarriette sèchée
1 c. table	de persil frais
¹/₂ c. thé	de sel de mer
3 c. table	d'huile d'arachide (ou d'olive) de première pression à froid
¹/₂ tasse	d'oignon haché fin
¹/₂ tasse	de céleri haché fin
¹/₄ tasse	de pomme en petits dés (facultatif, mais si bon!)
1/2 tasse	de germe de blé ou de noix hachées
2 c. table	de sauce Tamari
poivre au goût	

Au choix

Coulis de tomate ou sauce à votre goût

Préparation

1- Préchauffer le four à 350°F. Dans un bol, bien mêler tous les ingrédients de la farce.

2- Découper la calotte des poivrons, les évider puis les farcir du mélange.

3- Disposer les quatre poivrons farcis dans un plat allant au four et verser 1 ¹/₂ pouces d'eau bouillante au fond du plat.

4- Faire cuire au four 45 minutes. Servir avec la sauce ou le coulis de tomate.

☞ *Accompagné d'une belle salade, quel repas appétissant.*

Poivrons tricolores marinés

Pour soi... ou pour offrir en cadeau.

Ingrédients   pour 1 ¹/₄ tasse

4	poivrons verts
1	poivron rouge
1	poivron jaune
1 c. table	de sel de mer
1 tasse	d'huile d'olive de première pression à froid
12 grains	de poivre noir

Préparation

1- Épépiner les poivrons et les découper en lanières d'un demi pouce de largeur environ.

2- Les placer dans un grand plat de verre ou de porcelaine (mais pas de métal); saupoudrer de sel de mer, remuer, couvrir et laisser «cuire» au réfrigérateur toute la nuit (8 heures environ).

3- Éponger soigneusement les morceaux de poivron, les mettre dans des pots stérilisés, bien tassés, les couvrir d'huile d'olive et ajouter les grains de poivre. Fermer les pots bien hermétiquement. Conserver au réfrigérateur.

☞ *En Italie, cette recette est un classique. On peut manger cette marinade telle quelle... en sandwich sur du pain complet, ''Mamma mia''!*

Pommes de terre à la grecque

Dans les restaurants, c'est toujours un régal... mais attendez de goûter à ma version « santé »!

Ingrédients   pour 4 portions

4	grosses pommes de terre (type "nouvelles") lavées, brossées et coupées en morceaux d'environ ¹/₂ pouce d'épaisseur
1 c. table	d'huile d'arachide de première pression à froid
4 gousses	d'ail non pelées
¹/₄ c. thé	de sel de mer
une pincée	de romarin séché
une pincée	d'origan séché
Pour la sauce	
1 c. table	d'huile d'olive de première pression à froid
1 ¹/₂ c. thé	de vinaigre de cidre de pomme
¹/₄ c. thé	de poivre (ou de cayenne)
2	oignons verts hachés

Préparation

1- Préchauffer le four à 450°F. Dans un grand bol, mêler les morceaux de pommes de terre, la cuillerée à table d'huile d'arachide, les gousses d'ail et le sel de mer.

2- Déposer le tout dans une lèchefrite et saupoudrer le romarin et l'origan.

3- Mettre au four de 30 à 40 minutes; remuer de temps à autre.

4- Préparer la sauce comme suit: mélanger l'huile d'olive, le vinaigre de cidre de pomme, le poivre (ou le cayenne) et les oignons verts hachés.

5- Lorsque les pommes de terre sont tendres et dorées, les retirer du four. Retirer l'ail, l'écraser et mélanger (au goût). Napper de sauce et servir.

☞   *À quoi bon sortir quand on peut se préparer ce délice pour quelques sous à la maison?*

Pommes de terre...
et pommes des airs

Un gratin délicieux qui accompagnera vos meilleurs plats.

Ingrédients   pour 6 portions

1 c. table	d'huile d'arachide de première pression à froid
2	grosses pommes pelées, épépinées et tranchées mince
6 tasses	de pommes de terre pelées et tranchées minces
1	oignon haché
1 tasse	de lait de soya nature, chaud (mais pas bouillant)
une pincée	de muscade fraîchement râpée
sel de mer et poivre au goût	

Préparation

1- Préchauffer le four à 350°F. Huiler légèrement un moule de 8 ou 9 pouces avec l'huile d'arachide.

2- Disposer la moitié des pommes de terre (3 tasses) au fond du moule, saler, poivrer.

3- Mettre par-dessus la moitié de l'oignon et des pommes.

4- Ajouter le reste des pommes de terre, saler, poivrer, et mettre par-dessus le reste d'oignon et de pommes, en respectant l'ordre.

5- Bien presser dans le moule, puis verser le lait de soya chaud et saupoudrer de muscade. Cuire au four une heure.

☞ *Tout simplement délicieux!*

Pommes de terre Rissolées-Soleil

Un accompagnement que tout le monde aimera.

Ingrédients   pour 4 portions

3	pommes de terre coupées en morceaux (quartiers ou petits cubes, au choix), pelées ou non
1 c. thé	d'huile d'arachide de première pression à froid
2 c. thé	de paprika
une pincée de sel de mer	
environ ¾ tasse d'eau	

Préparation

1- Dans un poêlon anti-adhésif, faire revenir les morceaux de pommes de terre dans l'huile d'arachide à feu moyen, 2 ou 3 minutes.

2- Saupoudrer de paprika et d'un peu de sel. Ajouter l'eau, mais sans recouvrir complètement les pommes de terre. Couvrir et cuire à feu moyen 20 minutes.

3- En fin de cuisson, retourner pour dorer l'autre côté.

☞ *Le paprika aide à donner une belle couleur dorée aux pommes de terre, sans gras.*

Purée de millet

Le millet est une céréale méconnue; pourtant, c'est la céréale la mieux équilibrée en ce qui a trait aux acides aminés essentiels. De plus, elle regorge de phosphore, de fer, de potassium et de silice.

Ingrédients   pour 3 à 4 portions

1 tasse	de millet rincé
3 tasses	d'eau
1 pincée	de sel de mer
1	oignon vert haché fin (ou 1 c. thé de ciboulette)
1 c. thé	de sarriette séchée
¼ c. thé	de muscade (ou moins, au goût)
1 c. table	de beurre ou d'huile d'olive de première pression à froid
2 c. table	de lait de soya nature

Préparation

1- Dans une casserole, amener à ébullition le millet, l'eau et le sel. Couvrir, réduire le feu et laisser mijoter à feu doux 20 minutes, en remuant de temps à autre.

2- Lorsque c'est cuit, ajouter l'oignon vert (ou la ciboulette), la sarriette, la muscade, le beurre (ou l'huile d'olive) et le lait de soya. Écraser au pilon à purée.

☞ *Avec cet accompagnement délicieux et nourrissant, vous avez une bonne portion de céréale. Une protéine, de beaux légumes et voilà!*

Riz aux légumes Arlequin

Cette recette fait un accompagnement délicieux... mais elle peut aussi composer un repas complet; il suffit de la présenter avec une belle salade.

Ingrédients   pour 2 ou 3 portions

1 tasse	de riz complet
2¼ tasses	d'eau
3	carottes pelées et tranchées
1	bouquet de brocoli
9	asperges
1	oignon haché
2 c. thé	de persil séché
2 c. table	de sauce Tamari
Poivre ou cayenne au goût	
1 c. table	d'huile d'olive de première pression à froid
1 gousse	d'ail émincée
au goût, davantage de sauce Tamari	

Préparation

1- Séparer la tige du brocoli des fleurets, la peler et la trancher. Séparer puis trancher la partie dure et coriace des pointes d'asperges. Réserver les fleurets de brocoli et les pointes d'asperges.

2- Dans une grande casserole, combiner le riz complet, l'eau, les morceaux de carottes, la tige tranchée du brocoli, les morceaux de la partie dure des asperges, le persil, les deux cuillerées à table de sauce Tamari, et le poivre (ou le cayenne). Porter à ébullition. Couvrir, réduire le feu et mijoter 30 minutes.

3- Ajouter les fleurets de brocoli, les pointes d'asperges, couvrir et laisser mijoter 10 minutes de plus.

4- Juste avant de servir, ajouter l'huile d'olive, une gousse d'ail émincée, de la sauce Tamari au goût et remuer 30 secondes sur le feu.

☞ *Savez-vous que le riz complet est une excellente source de niacine, de potassium, de phosphore, de fer et de calcium?*

Pains, muffins et crêpes

Crêpes à l'avoine Cadichon

Une façon spéciale et délicieuse d'avoir votre apport en produit céréalier.

Ingrédients   pour 10 crêpes

1 1/2 tasses	de flocons d'avoine
1/2 tasse	de farine d'épeautre ou de blé entier à pâtisserie
2 c. thé	de poudre à pâte sans alun
1/2 c. thé	de cannelle
1/2 c. thé	de muscade
1 tasse	de lait de soya nature
1	œuf
1 c. table	d'huile de carthame de première pression à froid
Facultatif :	
1/4 tasse	de raisins secs gonflés dans l'eau

Préparation

1- Dans un grand bol, mêler les flocons d'avoine, la farine de blé ou d'épeautre, la poudre à pâte, la cannelle et la muscade. Dans un autre bol, battre le lait de soya, l'œuf et l'huile de carthame.

2- Ajouter les ingrédients humides aux secs mais ne pas trop battre. Si vous voulez mettre des raisins, ajoutez-les maintenant.

3- Cuire dans un poêlon légèrement huilé, jusqu'à ce que des bulles apparaissent à la surface. Retourner pour dorer l'autre côté.

☞ *Avec un tel petit déjeuner qui vous attend, vous aurez hâte de sauter du lit !*

Crêpes "cochonnes" aux bleuets

Comme lorsqu'on déjeune aux « États ».

Ingrédients   pour 12 petites crêpes épaisses

2 tasses	de farine de blé entier à pâtisserie ou d'épeautre
2 c. thé	de poudre à pâte sans alun
2¼ tasses	de lait de soya (nature)
1	œuf
1 c. table	d'huile de carthame de première pression à froid
1 tasse	de bleuets non sucrés (frais ou dégelés)

Préparation

1- Bien mélanger la farine et la poudre à pâte. Ajouter le lait de soya, l'œuf et l'huile de carthame et mélanger énergiquement.

2- Ajouter délicatement les bleuets.

3- Déposer la préparation à la cuiller dans un poêlon à peine huilé. Cuire à feu moyen-doux, jusqu'à ce que la crêpe commence à dorer, puis la retourner pour faire cuire l'autre côté.

☞ *Quelle façon fantastique de commencer la journée! Vous aurez l'impression d'être en vacances chez nos voisins du sud.*

Galettes bavaroises Sissi

Cette délicieuse recette vient tout droit d'Allemagne. Il ne manque que des légumes verts et une jolie salade pour faire un repas complet.

Ingrédients   pour 2 ou 3 portions

4	pommes de terre pelées et râpées
1 paquet	(225 à 250 grammes) de tofu mis en crème au robot
1/2	oignon haché fin
2 c. table	de persil frais haché
1 1/2 c table	de farine de blé entier à pâtisserie ou d'épeautre
1/2 c. thé	de sel de mer
1/4 c. thé	de poudre d'ail
poivre au goût	

Préparation

1- Mêler tous les ingrédients.

2- Dans un poêlon légèrement huilé, verser environ 3/4 de tasse du mélange et écraser à la spatule pour faire une belle galette (comme on le fait pour les galettes de steak haché).

3- Cuire de 5 à 7 minutes de chaque côté, jusqu'à ce que la galette prenne une belle couleur dorée. Procéder de même pour les autres galettes.

☞ *Les Allemands servent ces galettes avec de la compote de pommes!*

Muffins aux bleuets Bécassine

Une nouvelle version de cette recette qui plait toujours.

Ingrédients   pour 12 gros muffins

1 tasse	de farine (blé entier à pâtisserie ou épeautre)
1 tasse	de flocons d'avoine
¼ c. thé	de cannelle
¼ c. thé	de muscade
1 c. table	de poudre à pâte (sans alun)
1 tasse	de lait de soya
½	banane écrasée
1 c. table	de miel ou de sirop de riz
2 c. table	d'huile de carthame de première pression
à	froid
1 tasse	de bleuets

Préparation

1- Préchauffer le four à 350°. Dans un grand bol, bien mêler la farine, l'avoine, la cannelle, la muscade et la poudre à pâte.

2- Ajouter sans trop battre le lait de soya, la banane, le miel ou le sirop de riz et l'huile de carthame.

3- Incorporer peu à peu la tasse de bleuets. Verser le mélange dans des moules à muffins légèrement huilés.

4- Cuire au four de 15 à 20 minutes.

☞ *Vous aurez 12 beaux gros muffins savoureux... et ils ne contiennent que 100 calories chacun.*

Muffins des Caraïbes

Cette recette au goût exotique vous permettra de commencer la journée sur une note tropicale.

Ingrédients   **pour 12 gros muffins**

1 ½ tasse	de farine de blé entier à pâtisserie
1 c. table	de poudre à pâte
2 c. thé	de cannelle
1 tasse	de dattes dénoyautées et hachées
½ tasse	de noix hachées (au goût : pacanes, de Grenoble, amandes ou autre)
2	bananes bien mûres écrasées
⅓ tasse	d'huile d'arachide ou de carthame de première pression à froid
2	œufs
1c. thé	de jus de citron
½ tasse	de lait de soya nature (ou vanille)

Préparation

1- Préchauffer le four à 375°F. Tamiser ensemble la farine, la poudre à pâte et la cannelle. Ajouter les dattes et les noix hachées, bien mélanger à la cuiller de bois et réserver.

2- Dans un autre bol, battre ensemble les bananes, l'huile, les œufs, le jus de citron et le lait de soya.

3- Ajouter en deux ou trois fois les ingrédients secs aux ingrédients humides; mêler délicatement. Ne pas trop brasser.

4- Déposer la pâte dans un moule à muffins légèrement huilé et fariné et faire cuire de 18 à 20 minutes.

☞ *Si vous faites des muffins plus petits, réduire le temps de cuisson de 3 ou 4 minutes. Pour vérifier la cuisson, piquez le muffin avec un cure-dent, il doit ressortir propre.*

Muffins Louise

Même une personne seule devrait se faire des muffins de temps à autre; c'est une bonne façon d'égayer votre petit déjeuner ou votre pause-café au courant de l'après-midi.

Ingrédients — Pour 12 à 16 muffins

2 tasses	de farine de blé entier à pâtisserie ou d'épeautre
2 c. thé	de poudre à pâte sans alun
1/4 c. thé	de cannelle
1/4 c. thé	de muscade
1 1/4 tasses	de raisins secs
1/4 tasse	d'huile de carthame de première pression à froid
1	œuf
1 c. table	de miel
3/4 tasse	de lait de soya
1 tasse	de carottes pelées finement râpées

Préparation

1- Préchauffer le four à 375°F. Mêler la farine, la poudre à pâte, la cannelle, la muscade et les raisins secs. Réserver.

2- Battre à la mixette ou au mélangeur, l'huile de carthame, l'œuf, le miel et le lait de soya. Ajouter la carotte râpée et mélanger à la main.

3- Ajouter les ingrédients liquides aux secs et mélanger délicatement. Verser dans des moules à muffins légèrement huilés et cuire 20 minutes.

Variante : Pain Louise

Faire cuire le mélange dans un moule à pain d'environ 4 pouces sur 8 légèrement huilé de 30 à 35 minutes.

☞ *Cette recette à été composée spécialement pour mon amie Louise qui raffole des muffins, des raisins secs et des carottes.*

Petits pains aux fruits
Fanfreluche

De petits régals pour commencer la journée du bon pied.

Ingrédients   pour 12 petits pains

2 tasses	de farine d'épeautre
2 c. thé	de poudre à pâte sans alun
½ tasse	de lait de soya nature
1	œuf battu
1 c. thé	de vanille
1	banane mûre écrasée
¾ tasse	de raisins secs

Préparation

1- Préchauffer le four à 350°F. Bien mêler la farine et la poudre à pâte.

2- Ajouter le lait de soya, l'œuf, la vanille ainsi que la banane et bien mélanger à la main. Ajouter les raisins secs et mélanger de nouveau.

3- Déposer sur une plaque non huilée en façonnant 12 petits pains et cuire 15 minutes.

☞ *Avec un soupçon de beurre et une tasse de tisane bien chaude, quelle belle collation.*

Petits pains éclair Amitié

Cette recette rapide est ma version des fameux «biscuits» américains; elle ressemble aussi beaucoup aux "galettes à la crème sûre" de Mamie Josée.

Ingrédients   pour 9 à 12 petits pains

1 tasse	de lait de soya
1 c.table	de jus de citron frais
1 ½ tasses	de farine de blé entier à pâtisserie ou d'épeautre
1 c. table	de poudre à pâte sans alun
¼ c. thé	de sel de mer
Facultatif	
2 c. thé	d'aromates (persil, anis, fenouil, ciboulette, etc.)
ou 3 c. table de raisins secs	

Préparation

1- Préchauffer le four à 425°F . Dans un bol mêler le lait de soya et le jus de citron. Laisser reposer 5 minutes.

2- Pendant ce temps, dans un grand bol, combiner la farine, la poudre à pâte, le sel de mer. Si on le désire, on peut aussi ajouter 2 cuillerées à thé d'aromates ou encore 3 cuillerées à table de raisins secs.

3- Ajouter le mélange liquide au mélange sec, en remuant rapidement, mais pas trop. Déposer à la cuiller, sur une plaque légèrement huilée. Cuire dans le haut (tiers supérieur) du four, de 12 à 15 minutes.

☞ *Chauds, avec une petite touche de beurre, ils fondent dans la bouche.*

Tartinades
et
trempettes

Caponata à l'aubergine

Cette recette italienne donne une trempette délicieuse sur des croustilles ou du pain grillé; vous pouvez également vous en servir pour garnir des sandwichs ou même une belle salade.

Ingrédients   pour 8 portions

¼ tasse	d'huile d'olive de première pression à froid
2	oignons hachés
1	belle grosse aubergine pelée et coupée en dés
1 tasse	de jus de tomate (frais ou en conserve)
2 c. table	de pâte de tomate
¾ tasse	de céleri en dés
½ tasse	d'olives vertes en morceaux
2 c. table	de vinaigre de cidre de pomme
2 c. table	de jus de citron
2	dattes hachées très finement

Préparation

1- Dans un grand poêlon, faire sauter l'oignon dans l'huile d'olive 5 minutes, jusqu'à ce qu'il commence à devenir transparent.

2- Ajouter l'aubergine, le jus de tomate, la pâte de tomate et les dattes. Remuer pour rendre le mélange homogène. Couvrir, et laisser mijoter 30 minutes.

3- Laissez refroidir toute la nuit et servir froid.

☞ *Cette recette doit être préparée à l'avance pour que les saveurs se mêlent bien. Elle se garde jusqu'à 2 semaines au réfrigérateur.*

Caviar d'aubergine

Que ce soit pour une entrée, un lunch ou un buffet, cette recette impressionnera vos convives. Le plus étonnant, c'est qu'elle ne coûte que quelques sous par portion.

Ingrédients   **pour 6 portions**

1	belle grosse aubergine
$\frac{1}{2}$	oignon haché fin
$\frac{1}{2}$ tasse	de tomates finement tranchées
1 c. thé	de sel de mer
2 c. table	de jus de citron
2 c. table	d'huile d'olive de première pression à froid
Poivre ou cayenne, au goût	

Préparation

1- Peler l'aubergine, la couper en 4 et la cuire à la vapeur jusqu'à ce qu'elle devienne tendre, de 20 à 30 minutes. Laisser refroidir.

2- Hacher finement l'aubergine. Si on utilise le robot, éviter de la réduire en purée.

3- Ajouter les autres ingrédients, bien mélanger. Servir froid comme le caviar.

☞ *Se garde jusqu'à 2 semaines au réfrigérateur.*

Tartinade Carot-Amandine

Une tartinade économique qui fait une collation du tonnerre.

Ingrédients   **pour 8 portions**

2 tasses	de carottes, coupées en morceaux de ¹/₂ pouce
2 c. table	de beurre d'amandes
³/₄ c. table	de sauce Tamari
¹/₄ c. thé	de sel de mer

Préparation

1- Faire cuire les carottes à la vapeur 20 minutes. Égoutter.

2- Passer les carottes cuites au mélangeur avec les autres ingrédients jusqu'à l'obtention d'une texture lisse et homogène.

3- Si la préparation est trop épaisse, ajouter un peu d'eau, une cuillerée à thé à la fois, afin d'obtenir une tartinade plus crémeuse.

☞ *Sur des rôties ou des craquelins, c'est savoureux comme tout... Un petit truc : inutile d'utiliser du beurre avec une telle tartinade.*

Trempette Rosette au persil et au poivron

Cette trempette appétissante épatera vos convives par sa belle couleur rose tendre.

Ingrédients

pour 1 ¹/₂ tasse

2	gros poivrons rouges épépinés, coupés en dés
1 tasse	de persil frais haché
2	gousses d'ail écrasées
2 c. table	de jus de citron
¹/₃ tasse	d'huile d'olive de première pression à froid
sel de mer au goût	

Préparation

1- Liquéfier tous les ingrédients au robot culinaire.

☞ **Variante: Trempette Émeraude**

Des poivrons verts vous donneront une trempette d'un beau vert printemps.

Trempette Professeur Tournesol

*Son petit goût délicat séduit les palais les plus diffici-
les.*

Ingrédients   pour 1 ¹/₂ tasses

¹/₂ tasse	de graines de tournesol nature
1 ¹/₂ tasses	de tofu émietté
1	carotte râpée
1	oignon vert haché finement
1 c. thé	de paprika
1 c. table	de persil frais haché
sel de mer au goût	

Préparation

1- Réduire les graines de tournesol en poudre au robot
culinaire.

2- Ajouter les autres ingrédients et bien mélanger.

☞ *Sur vos rôties le matin, cela vous aidera à démarrer.
Les graines de tournesol et le tofu vous fourniront des
protéines.*

Sauces

et

condiments

Mon ketchup ''touche-de-miel''

Savez-vous que le ketchup commercial contient plus de sucre que la crème glacée? Surprenant, mais vrai. Voici une recette santé super rapide et tout simplement délicieuse pour rehausser vos plats favoris.

Ingrédients   pour ½ tasse

6 c. table	de pâte de tomate
2 c. table	de jus de citron ou de vinaigre de cidre de pomme
½ c. thé	de sauce Tamari
1 ½ c. thé	de miel cru non pasteurisé
1 c. table	d'eau

Préparation

1- Liquéfier tous les ingrédients au mélangeur jusqu'à ce que la préparation soit lisse ou onctueuse.

☞ *Conserver au réfrigérateur. Au lieu du miel, on peut utiliser du sirop de riz brun biologique.*

Sauce blanche des fées

Une sauce blanche riche, sans produit laitier, sans produit céréalier et sans cholestérol... et pas besoin de baguette magique pour la faire, c'est simple comme tout!

Ingrédients   pour 1 tasse

1	tasse d'eau
½ tasse	de noix de cajou nature
1 c. table	d'arrowroot (ou de fécule de maranta)
1 c. thé	de poudre d'oignon
1 c. table	d'huile d'arachide ou d'olive de première pression à froid
¼ c. thé	de sel de mer
une pincée	de poivre ou de cayenne au goût

Préparation

1- Liquéfier tous les ingrédients au mélangeur.

2- Transvider dans une casserole et porter doucement à ébullition sans surchauffer. Réduire le feu à moyen et cuire 3 minutes en brassant constamment. Si la sauce devient trop épaisse, ajouter un peu d'eau.

☞ *Pensez à tout ce que vous pouvez faire une belle sauce blanche si onctueuse: viandes, poissons, légumes vapeur et pâtes feront des plats de choix... Sans danger pour votre ligne ni pour votre forme!*

Sauce California

Vous voulez donner du panache à votre poulet, votre poisson, vos légumes vapeur ou même votre salade? Cette sauce est idéale!

Ingrédients   **pour 1 tasse**

¹/₄	de poivron vert en dés
¹/₄	de poivron rouge en dés
1	carotte en dés
1	avocat bien mûr
¹/₂ c. thé	de jus de citron
²/₃ tasse	de yogourt nature à faible teneur en matières grasses
1 oignon vert haché	

Préparation

1- Faire cuire à la vapeur les dés de poivron et de carotte 10 minutes puis réserver.

2- Dans un bol, écraser l'avocat à la fourchette, ajouter le jus de citron et incorporer graduellement le yogourt. Bien mélanger jusqu'à ce que le tout soit crémeux.

3- Ajouter les légumes cuits et l'oignon vert. Saler, poivrer. Servir à la température de la pièce.

☞ *Quelle délicieuse trempette! Servez-là avec des "nachos" ou croustilles naturelles de maïs.*

Sauce-relish des mers du sud

Mangues, oignons et pêches sont à la base de cette sauce sans cuisson, originale et rafraîchissante comme le vent des mers du sud.

Elle accompagne très bien le poisson, le poulet, les plats de légumes et le tofu.

Ingrédients   **pour 1 tasse**

2	mangues (ou 2 pêches ou 1 de chaque) pelées et coupées en petits morceaux
1/2 tasse	oignon rouge coupé en dés
le jus de 2 limes	
2 c. table	de coriandre (ou sinon de persil) frais
une pincée	de sel de mer et de poivre (facultatif)

Préparation

1- Dans un bol, bien mêler les morceaux de mangue, d'oignon, le jus de lime et les autres ingrédients. Bien mélanger.

2- Servir sur le champ ou conserver au réfrigérateur et laisser tiédir à température de la pièce avant de servir.

☞ *La mangue est un fruit originaire des Indes, mais on en retrouve dans tous les pays tropicaux. Elle est mûre lorsqu'elle cède sous une légère pression du doigt; elle doit être odorante. Elle peut avoir de petites taches noires, mais doit être exempte de rides.*

Sauce tonkinoise à la limette

Les sauces du commerce sont remplies d'additifs; pourquoi ne pas essayer cette recette, pleine de bons ingrédients et au goût irrésistible?

Ingrédients   pour 1 tasse

1 c. table	d'huile d'arachide de première pression à froid
1 gousse	d'ail émincée
2	oignons verts en petites rondelles
1 c. thé	de gingembre frais haché
½ tasse	d'eau
1 ½ c. table	de sauce Tamari
le jus de 2 limettes	

Préparation

1- Tiédir l'huile au poêlon à feu moyen. Ajouter l'ail, le gingembre, l'oignon vert; faire sauter environ 1 minute.

2- Verser l'eau et brasser jusqu'à ce que le mélange commence à bouillonner.

3- Ajouter alors la sauce Tamari et le jus de lime. Servir immédiatement.

☞ *Son petit goût légèrement acidulé rehausse très bien le poulet, le poisson, les légumes ou le tofu.*

Déjeuners

Le petit déjeuner, c'est important.

Tout le monde le sait, tout le monde le dit : le petit déjeuner est un repas essentiel. Plusieurs spécialistes affirment même que c'est le repas le plus important de la journée.

Par contre, on ne sait pas toujours quoi servir le matin. Par quoi peut-on remplacer le fameux "déjeuner continental", les deux œufs frits accompagnés de bacon ou de jambon, ou encore les rôties tartinées de confiture sucrée ou de caramel... Ce n'est pas toujours évident.

Le matin, notre cerveau a besoin de protéines; il nous faut aussi des hydrates de carbone afin de régulariser l'apport de glucose dans l'organisme. Si en plus on mange des aliments crus, quelques fruits ou mieux, des légumes, c'est l'idéal.

Par contre, il faut faire attention aux aliments contenant des sucres raffinés qui vont créer des baisses de sucre au courant de l'avant-midi; celles-ci donneront une impression de fatigue et une difficulté à se concentrer. Le fameux jus d'orange et les jus de fruits préparés, même sans sucre, sont également à éviter. Les rôties avec des garnitures sucrées (même naturellement) sont aussi à proscrire.

Les enfants ont particulièrement intérêt à prendre un déjeuner sain qui leur permettra de penser plus clairement et de mieux fonctionner toute la journée. Le lait de soya ou le lait d'amandes sont délicieux sur des céréales; celles-ci doivent être de grains complets. Il faut faire particulièrement attention au sucre et aux produits chimiques que contiennent les céréales commerciales.

Suggestions santé pour le petit déjeuner

- la crème Budwig, quoiqu'elle ne convienne pas à tous
- un œuf (pas frit) le jaune coulant avec un fruit et un hydrate de carbone
- une soupe de légumes, pourquoi pas?
- des céréales froides complètes, avec des fruits et du lait de soya ou du lait d'amandes
- un fruit suivi de rôties de pain complet avec du beurre de noix
- une rôtie de pain complet avec du fromage (ou du fromage de chèvre si vous le tolérez bien)
- le gruau ou d'autres céréales chaudes avec de la cannelle et des raisins secs (on peut réchauffer les restes de la veille)
- une pomme de terre sucrée, cuite au four, recouverte de cannelle et de germe de blé
- une galette de riz couverte de beurre de noix et de tranches de banane, de graines de sésame ou de tournesol
- du beurre de noix sur des tranches de pommes (les enfants adorent!)
- du muësli
- des céréales complètes non sucrées (lisez bien l'étiquette), sucrées avec des raisins secs que vous aurez fait tremper dans l'eau quelques minutes.

Mes confitures de fraises éclair

Faciles à préparer et si savoureuses!

Ingrédients   pour ³/₄ de tasse

1 chopine	de fraises lavées, équeutées et coupées en 2
1 c. thé	de jus de citron
1 c. table	de succanat (ou de sucre de fruits en poudre ou de fructose)
1 c. thé	d'agar-agar

Préparation

1- Mettre les fraises, le jus de citron et le succanat dans une casserole et cuire à feu vif à découvert 9 minutes en remuant de temps à autre.

2- Ajouter l'agar-agar et cuire une minute de plus.

3- Réfrigérer avant de servir.

☞ *La confiture reste liquide aussi longtemps qu'elle est chaude, mais elle épaissira en refroidissant.*

Mon déjeuner dans un verre "énergi-force"

Depuis plusieurs années, les substituts de repas et les "déjeuners-minute" font fureur. Hélas, ils sont souvent bourrés de produits chimiques, de sucre ou de glucose, sans compter que leur goût laisse beaucoup à désirer. Voici un petit déjeuner instantané plein de saveur et de bons ingrédients, pour vous aider à partir du bon pied... même quand vous êtes à la course.

Ingrédients   pour 2 tasses

4	amandes
1 c. table	de graines de tournesol nature
1 c. table	de graines de sésame nature
1 c. table	de germe de blé
1	belle banane mûre
$1/4$ c. thé	de vanille
$1/2$ tasse	d'eau
$1/2$ tasse	de lait de soya (nature ou aromatisé)

Préparation

1- Au moulin à café ou au mélangeur, moudre les amandes, les graines et le germe de blé en poudre fine.

2- Ajouter les ingrédients liquides, mélanger et faire mousser au mélangeur.

☞ *Ce tonique énergisant peut remplacer votre petit déjeuner lorsque vous êtes à la course. Il peut aussi remplacer un repas à l'occasion. Riche en vitamines A, du complexe B, D, E et F, en protéines, calcium , magnésium, potassium et zinc, il ne contient aucun additif chimique.*

Omelette pizza de Marie Hélène

Cette recette simple comme bonjour fait toujours sensation lors d'un brunch ou d'un déjeuner. De plus, il est impossible de la rater!

Ingrédients   **pour 2 ou 3 portions**

5	œufs
2 c. table	lait de soya (ou de lait ordinaire ou d'eau)
1	tomate coupée en dés
1 tranche	de pain complet émiettée
½ tasse	de légumes crus ou cuits mélangés (brocoli, poivron, avocat, chou-fleur, haricots ou autres) coupés en petits morceaux
2 c. table	de pâte de tomate (ou de sauce tomate)
1 c. thé	d'aromates au choix (ciboulette, basilic ou autre)

sel, poivre ou cayenne au goût

Facultatif :

4 c. table	de fromage râpé (régulier, de chèvre ou à base de soya)
4 tranches	de tomate très minces pour la présentation

Préparation

1- Préchauffer le four à 350°F. Mettre tous les ingrédients dans un bol et bien mélanger au fouet ou à la fourchette.

2- Verser dans une assiette à tarte (préférablement en pyrex) légèrement huilée et farinée. Facultatif: déposer les 4 tranches de tomates par dessus pour la présentation.

3- Cuire au four environ 20 minutes, jusqu'à ce que le dessus commence à dorer. L'omelette doit reprendre sa forme lorsqu'on appuie le doigt dessus.

4- Servir en pointes, comme une tarte ou une pizza.

☞ *Si vous doublez la recette, utilisez deux assiettes à tarte, et non pas une plus grande.*

C'est l'occasion de passer vos restes de légumes de la veille!

Pain doré des anges

Voici ma version santé d'un petit déjeuner qui vous rappellera les beaux matins ensoleillés de votre enfance.

Ingrédients   pour 2 portions

1	œuf battu
1/3 tasse	de lait de soya aromatisé à la vanille (sinon nature avec 1/2 c. thé de vanille)
2 c. thé	de zeste d'orange râpé
1 pincée	de muscade
4 tranches	de pain complet
1 c. table	d'huile de carthame de première pression à froid

Préparation

1- Dans un bol peu profond, bien mêler l'œuf, le lait, le zeste d'orange et la muscade.

2- Tremper les tranches de pain dans le mélange et faire cuire au poêlon dans l'huile environ 3 minutes par côté, jusqu'à ce que les tranches prennent une belle couleur dorée.

☞ *Une autre preuve qu'on peut bien s'alimenter tout en se régalant.*

Desserts

Biscuits à l'avoine Dame Plume

Ce dessert classique est toujours apprécié.

Ingrédients   **pour 16 biscuits environ**

1 $\frac{1}{2}$ tasses	de flocons d'avoine écrasés entre les mains
1 c. table	de farine (blé entier, kamut ou épeautre)
2	pommes pelées ou râpées sans cœur ni pépins
1 c. table	d'huile de carthame de première pression à froid
1 c. thé	de vanille
$\frac{1}{2}$ tasse	de raisins secs
$\frac{1}{4}$ tasse	de noix hachées (amandes ou de Grenoble)
$\frac{1}{4}$ tasse	d'eau bouillante

Préparation

1- Préchauffer le four à 350°F. Dans un bol, mélanger à la fourchette tous les ingrédients.

2- Couvrir avec une assiette et laisser reposer 15 minutes.

3- Déposer à la cuiller sur une plaque non graissée, et cuire dans le haut (tiers supérieur) du four de 10 à 12 minutes.

☞ *Les biscuits doivent toujours être cuits dans le haut du four, sans quoi ils durcissent.*

Biscuits Marie Quat'poches à l'avoine

Croyez-moi, trois douzaines, ce n'est pas trop.

Ingrédients   pour 3 douzaines

1 tasse	d'eau
1 tasse	de raisins secs
4 tasses	de flocons d'avoine
1 tasse	de farine (blé entier «à pâtisserie» ou épeautre)
2/3 tasse	de graines de tournesol nature
1/4 c. thé	de cannelle
1 pincée	de sel de mer
1/3 tasse	d'huile de carthame de première pression à froid
1/3 tasse	de sirop de riz
1 c. thé	de vanille

Préparation

1- Préchauffer le four à 375°F. Dans une casserole, combiner l'eau et les raisins secs. Amener à ébullition et laisser mijoter 10 minutes à découvert.

2- Pendant ce temps, dans un grand bol, mêler les flocons d'avoine, la farine, les graines de tournesol, la cannelle et le sel de mer. Réserver. Dans un autre bol, battre l'huile de carthame, le sirop de riz et la vanille.

3- Réduire les raisins et l'eau en purée au robot; ajouter cette pâte aux ingrédients secs, brasser à la cuiller puis ajouter les ingrédients liquides.

4- Huiler légèrement deux plaques à biscuits. Déposer une cuillérée de mélange à la fois et l'aplatir à la fourchette pour former chaque biscuit.

5- Cuire 15 minutes dans le tiers supérieur du four. Retourner les biscuits à l'aide d'une spatule et cuire 10 minutes de plus.

☞ *Faites-en un peu d'avance, vous verrez!*

Biscuits mœlleux Doudou

Tout le monde aime les biscuits, les adultes comme les enfants. Qui n'a pas, à l'occasion, cette envie irrésistible d'aller dans la jarre à biscuits et d'en voler un ou deux ?

Ingrédients — pour 12 à 18 biscuits

1 $\frac{1}{4}$ tasses	de farine de blé entier à pâtisserie
1 $\frac{1}{2}$ c. thé	de poudre à pâte sans alun
1 tasse	de pépites de caroube non sucrées
1 c. thé	de vanille
$\frac{1}{3}$ tasse	d'huile de carthame de première pression à froid
$\frac{1}{2}$ tasse	de jus d'ananas non sucré
$\frac{1}{2}$ tasse	d'ananas broyé non sucré (en conserve), et bien égoutté
1	œuf battu

Préparation

1- Préchauffer le four à 350°F. Dans un grand bol, mélanger la farine, la poudre à pâte et les pépites de caroube. Réserver.

2- Dans un autre bol, mêler les autres ingrédients. Ajouter les ingrédients liquides aux ingrédients secs et bien mélanger.

3- Déposer à la cuiller sur une plaque légèrement huilée. Cuire environ 15 minutes.

☞ *Mon amie, la chef Lyne Couture, m'a appris que l'on devait toujours cuire les biscuits sur la grille du haut, ce qui les empêche de brûler en-dessous. Je l'ai essayé et ça marche à merveille.*

Biscuits romanichel à l'avoine et aux noix

Délicieux et très sucrés... sans qu'on ait besoin d'utiliser de sucre ou de miel.

Ingrédients   pour 18 biscuits environ

1 tasse	de flocons d'avoine
1 tasse	de farine de blé entier à pâtisserie ou d'épeautre
$^1/_3$ tasse	d'huile de carthame de première pression à froid
$^1/_3$ tasse	de noix hachées
$^1/_2$ tasse	de dattes hachées ou de raisins secs
1	banane écrasée
$^1/_2$ tasse	de jus de pomme non sucré

Préparation

1- Préchauffer le four à 350°F. Mêler l'avoine et la farine de blé entier (ou d'épeautre). Ajouter l'huile, puis dans l'ordre, la banane, le jus de pomme, les noix et les dattes ou les raisins.

2- Déposer à la cuiller sur une tôle à biscuits légèrement graissée. Cuire environ 25 minutes.

☞ *Une collation savoureuse pour les enfants après l'école.*

Brownies "magie noire"

De beaux brownies sans gras, sans œuf, sans blé, sans sucre raffiné et sans chocolat, vous pensiez que ce serait trop beau pour être vrai? Voici ma recette "magique".

Ingrédients   pour 20 portions

3	grosses bananes bien mûres
$^3/_4$ tasse	de poudre de caroube non sucrée
$^3/_4$ tasse	de jus de pruneaux non sucré
1 c. thé	de vanille
2 $^1/_3$ tasses	de flocons d'avoine

Préparation

1- Préchauffer le four à 400°F. Ecraser les bananes à la fourchette, ajouter la poudre de caroube, le jus de pruneau et la vanille; bien mélanger. Ajouter ensuite les flocons d'avoine et laisser gonfler 5 minutes.

2- Verser la préparation dans un moule de 9 pouces sur 9 pouces légèrement huilé. Lisser le dessus avec une spatule. Cuire au four de 20 à 25 minutes, tester au cure-dent.

3- Sortir du four, laisser reposer 15 minutes et couvrir d'une pellicule de plastique jusqu'au moment de servir.

☞ *Seulement des ingrédients sains et voilà un dessert à s'en "lécher les babines".*

Choux à la crème Caprice
Timbales Caprice

Une recette passe-partout qui plait à tous.

Ingrédients

**pour 12 gros choux
ou 12 timbales**

1 tasse	d'eau
½ tasse	d'huile d'arachide de première pression à froid
1 tasse	de farine de blé entier (ou d'épeautre)
½ c. thé	de sel de mer
4 œufs	

Préparation

1- Préchauffer le four à 425°F.

2- Dans une casserole, combiner l'eau et l'huile d'arachide. Amener à ébullition et ajouter d'un coup sec la farine et le sel de mer. Battre jusqu'à ce que le tout forme une "masse". Retirer du feu, laisser refroidir 2 minutes.

3- Ajouter le premier œuf en battant à la cuiller de bois, jusqu'à ce que la préparation perde son luisant. Ajouter le second et puis les suivants, un à un, de la même manière.

4- Sur une plaque légèrement huilée, déposer un quart de tasse pour chaque chou (ou timbale), en laissant suffisamment d'espace (au moins 2 pouces) entre chacun.

5- Cuire dans le haut (tiers supérieur) du four 15 minutes à 425°F, puis baisser la température du four à 375°F et laisser cuire 15 minutes de plus.

6- Laisser refroidir. Avec un couteau, découper la calotte et évider. Farcir uniquement au moment de servir.

☞ *Vous pouvez évidemment remplir de crème fouettée, mais vous pourriez tout aussi bien remplir avec "Ma crème glacée aux bananes" (Les recettes d'Anne-Marie, tome 1), ou encore avec une préparation salée comme le Tofu à la King que vous trouverez dans ce livre-ci.*

Seul, avec un soupçon de beurre, c'est délicieux.

Compote tutti-frutti

*Cette compote à base de fruits séchés fait un délicieux
accompagnement ou un dessert savoureux.*

Ingrédients   pour 6 portions

1 tasse	de dattes coupées en 4
1 tasse	d'abricots séchés coupés en 2
1 tasse	de figues séchées coupées en 4
1 ½ tasses	de pommes pelées et coupées en tranches fines
4 tasses	d'eau (environ)
1 c. table	d'agar-agar (disponible à votre magasin d'aliments naturels) ou de farine de maranta ou d'arrowroot
½ c. table	de zeste de citron râpé
½ c. table	de zeste d'orange râpé
Cannelle et muscade, au goût	

Préparation

1- Mettre tous les fruits dans une casserole et verser l'eau pour bien les recouvrir: il doit y avoir 1 ½ pouces d'eau par-dessus les fruits (en ajouter au besoin).

2- Amener à ébullition, réduire le feu et laisser mijoter 3 minutes. Ajouter l'agar-agar (ou la farine de maranta ou l'arrowroot, au choix) dilué dans un peu d'eau, la cannelle, et la muscade. Laisser mijoter 3 minutes de plus.

3- Ajouter le zeste d'orange et de citron.

☞ *Ce dessert est délicieux chaud... et il est encore meilleur froid. Essayez-le donc sur des rôties de pain complet demain matin!*

Croûte de tarte super-facile Jinnie

Cette croûte de tarte est si facile à réussir que même les débutants n'auront plus d'excuses pour ne pas la faire eux-même.

Ingrédients

Pour un fond de tarte de 9 pouces

1 tasse	de farine de blé entier "à pâtisserie" (attention: la farine de blé entier ordinaire ne donne pas le même résultat)
¼ c. thé	de sel de mer
¼ tasse	d'huile d'arachide de première pression à froid
3 c.table	d'eau

Préparation

1- Préchauffer le four à 375°F.

2- Dans un moule à tarte de 9 pouces de diamètre, tamiser la farine et le sel. Dans un bol, verser l'eau et l'huile et bien brasser, jusqu'à ce qu'elles s'amalgament l'une à l'autre.

3- Verser ce liquide graduellement sur votre farine dans le moule par petits filets et remuer délicatement afin que tout soit bien humecté.

4- Presser la pâte avec les doigts afin de l'appuyer contre les parois du moule et de lui donner une épaisseur égale partout. Piquer ensuite à la fourchette uniformément, sans oublier le fond ni les côtés.

5- Faire cuire le fond de tarte vide de 15 à 20 minutes, ou encore le remplir de garniture et suivre la recette appropriée.

☞ *Ce fond de tarte est idéal pour vos quiches, vos tourtières de millet ou de seitan, ou encore, à l'occasion, pour confectionner des tartes aux fruits sans sucre (comme la tarte aux pommes et aux raisins secs).*

Gâteau aux fruits Danièle
sans cuisson

Cette recette est mon adaptation d'un gâteau de Danièle Starenkyj.

Ingrédients　　　　　pour 1 gâteau (10 portions)

1 tasse	de dattes coupées en morceaux
1 tasse	de raisins secs
1 tasse	de flocons d'avoine (ou de kamut) moulus au robot
$^2/_3$ tasse	de germe de blé
1 tasse	d'amandes émiettées (au robot ou au moulin à café)
1 tasse	de jus d'orange frais ou de jus d'ananas
1 $^1/_2$ tasses	de fruits séchés assortis hachés en morceaux (à la rigueur de fruits confits)
le zeste d'un citron	

Facultatif

1 c. table	de brandy à l'orange, d'Amaretto, de cognac, de rhum, de Cointreau ou de liqueur de noisette.

Préparation

1- Faire cuire les dattes et les raisins secs à la vapeur 5 minutes.

2- Mettre ce mélange dans un bol et ajouter l'avoine ou la kamut, le germe de blé, les amandes émiettées, le jus d'orange (ou d'ananas), les fruits séchés et le zeste de citron. Si on le désire, ajouter la cuillerée à table d'alcool.

3- Mélanger avec les mains. Tasser dans un moule à pain tapissé de papier ciré. Mettre un poids dessus et laisser au frigo au moins 2 jours.

☞ *Cette recette sans cuisson est sensationnelle pour le temps des Fêtes... et sa confection ne monopolisera pas votre fourneau!*

Key-lime pie "la Florida"

La tarte à la limette ou "Key-lime pie" est le dessert national de la Floride. Lors de mon dernier voyage là-bas, j'ai mis au point cette version "santé" tout aussi délicieuse que l'originale. Essayez-là, c'est un vrai régal!

Ingrédients   pour une tarte

1	abaisse de tarte déjà cuite (commerciale ou la "croûte super-facile" que vous trouverez dans cette section)
1/2 tasse	de jus de limette
4 c. table	de flocons d'agar-agar (magasin d'aliments naturels)
2 paquets	(10 1/4 onces chacun) de tofu mou "Morinu"
2/3 tasse	de sirop de riz
le zeste	de 2 limettes râpé
3 gouttes	d'huile d'essentielle de citron (facultatif)
2 gouttes	de chlorophylle liquide (ou de colorant végétal vert) pour la couleur
3 c. table	de noix de coco râpée non sucrée

Préparation

1- Porter doucement à ébullition le jus de limette; aussitôt qu'il commence à frémir, ajouter l'agar-agar et cuire jusqu'à dissolution, de 10 à 20 secondes. Ne pas cuire davantage.

2- Verser le jus dans le robot, ajouter le tofu mou, le sirop de riz, le zeste de limette, l'huile essentielle de citron (facultatif) et le colorant végétal ou la chlorophylle (pour la tarte à la limette seulement) . Mêler quelques secondes.

3- Déposer le mélange dans l'abaisse. Garnir avec la noix de coco râpée. Réfrigérer au moins 4 heures avant de servir.

☞ **Variantes**

Vous n'avez pas de limettes? Qu'importe!

● *Vous pouvez les remplacer par du citron et faire ainsi une belle* **"Tarte au citron à l'anglaise"** *...*

● *Ou encore opter pour des oranges et obtenir une* **"Tarte des îles à l'orange"**.

Deux autres desserts fantastiques !

Les brownies à la caroube de Sylvie

*On peut être naturopathe et aimer les bonnes choses...
en voici la preuve!*

Ingrédients   pour 8 à 10 portions

¹/₂ tasse	de tofu émietté
¹/₂ tasse	de miel (si possible parfumé)
1 c. thé	de vanille
2 c. table	d'huile de carthame de première pression à froid
²/₃ tasse	de farine d'épeautre ou de farine de blé mou (à pâtisserie)
¹/₂ c. thé	de poudre à pâte sans alun
¹/₄ tasse	de poudre de caroube non sucrée
1 tasse	de capuchons de caroube non sucrés

Préparation

1- Préchauffer le four à 350°F. Mêler le tofu émietté, le miel, la vanille, les capuchons de caroube et l'huile de carthame. Réserver.

2- Tamiser ensemble la farine, la poudre de caroube, et la poudre à pâte. Ajouter le mélange humide au mélange sec et bien mélanger.

3- Verser dans un moule légèrement huilé, et cuire au four 20 minutes, ou jusqu'à ce que la pâte rebondisse au toucher.

☞ *Cette recette m'a été donnée par ma grande amie, la naturopathe Sylvie Leblanc, que vous pouvez entendre chaque semaine durant mon émission.*

Ma crème glacée aux fraises

Encore plus savoureuse que celle du marchand de glaces! Et tellement meilleure pour la santé.

Ingrédients   pour une chopine

4	bananes coupées en tranches d'un pouce
10	fraises entières
½ c. table	jus de citron
½ c. table	lait de soya

Préparation

1- Sur une plaque à biscuits, étaler les tranches de bananes et les fraises; congeler 35 minutes.

Pour de la crème glacée molle :

2- Réduire en crème tous les ingrédients dans le robot ou le mélangeur.

Pour de la crème glacée dure

2- Après avoir liquéfié tous les ingrédients au mélangeur ou au robot, congeler de 25 à 30 minutes, mais pas plus.

Variante

Ma crème glacée aux framboises

Procéder de la même manière en substituant les fraises par des framboises.

☞ *Servez ces crèmes glacées dans un cornet santé, (vous en trouverez dans votre magasin d'aliments naturels), les enfants seront fous de joie.*

Mini-chaussons aux abricots

Lors de mon premier voyage en Méditerranée, j'ai été surprise par la saveur des abricots frais. Voici une nouvelle façon d'apprêter ce fruit au goût si particulier.

Ingrédients   **pour 6 petits chaussons**

½ tasse	d'huile de carthame de première pression à froid
1 tasse	de tofu ferme émietté
¼ c.thé	de sel de mer
1 tasse et 2 c.table	de farine complète (blé entier à pâtisserie ou épeautre)
6 c. table	de confiture d'abricot sans sucre

Préparation

1- Combiner l'huile de carthame, le tofu émietté et le sel; bien mêler à la cuiller de bois (la consistance restera un peu grumeleuse). Ajouter la farine et pétrir pour obtenir une pâte molle. Couvrir et réfrigérer au moins 30 minutes.

2- Préchauffer le four à 375°F. Abaisser la pâte et faire des carrés d'environ 3 pouces de côté. Mettre une cuillerée à table de confiture sur chaque carré, plier et presser sur le rebord. Piquer le dessus à la fourchette et déposer sur une plaque anti-adhésive (ou légèrement huilée). Mettre au four environ 25 minutes.

☞ *Évidemment, vous pouvez remplacer la confiture d'abricot par une confiture sans sucre de votre choix, ou encore par de la compote de pommes, comme la "Compote rose d'Anne-Marie" (voir Les Recettes d'Anne-Marie, tome 1) ou la "Compote tutti-frutti" que vous trouverez dans ce volume.*

Pain aux bananes Martinique

Cette recette rapide se fait sans œuf, elle ne contient donc pas de cholestérol... mais c'est presque du gâteau!

Ingrédients   pour 1 pain

2½	bananes écrasées à la fourchette
1 tasse	de farine d'épeautre (ou de blé entier à pâtisserie)
½ c. table	de jus de pomme concentré non sucré
½ c. table	de poudre à pâte sans alun
1 c. thé	de cannelle
1 pincée	de muscade

Préparation

1- Préchauffer le four à 350°F. Mêler les bananes écrasées avec les autres ingrédients. Verser le mélange dans un moule à pain au fini anti-adhésif légèrement huilé.

2- Cuire au four 40 minutes, jusqu'à ce que le pain soit ferme (il doit rebondir au toucher).

3- Laisser refroidir 10 minutes, puis démouler à l'aide d'une spatule de plastique et envelopper les pains aussitôt dans une pellicule cellophane ou dans du papier d'aluminium.

☞ *Pour obtenir une texture tout à fait comme la recette traditionnelle, il suffit d'envelopper le pain avant qu'il ne refroidisse; il se forme une croûte, comme pour le pain que vous connaissez.*

Pommeraie enchantée

Une recette qui combine les pommes aux fruits que vous préférez!

Ingrédients   pour 6 portions

6	pommes MacIntosh pelées, épépinées et coupées en quartiers
1 tasse	de petits fruits de saison (fraises, framboises, bleuets) frais ou congelés
½ tasse	d'eau
le jus	d'un demi citron
½ tasse	de feuilles entières de basilic frais

Préparation

1- Mettre tous les ingrédients dans une grande casserole, couvrir et laisser mijoter jusqu'à ce que les morceaux de pommes deviennent tendres, environ 30 minutes.

2- À l'aide d'une cuiller de bois ou d'un presse-purée, écraser le mélange pour obtenir la consistance désirée; de gros morceaux donneront une texture intéressante à ce dessert.

3- Laisser refroidir et réfrigérer. Servir froid. Conserver au réfrigérateur.

☞ *Au moment de servir, on peut saupoudrer un peu de granola, de céréales ou de noix afin d'obtenir un petit dessert croustillant.*

Pommes au four sans sucre Carnaval

La pomme est un fruit bien de chez nous. Voici une nouvelle façon de l'apprêter pour faire un savoureux dessert, sans un grain de sucre.

Ingrédients   pour 4 portions

4	pommes lavées
½ tasse	de raisins secs
8	amandes
1 ½ tasses	d'eau
Cannelle et muscade au goût	

Préparation

1- Préchauffer le four à 400°F. Évider le cœur des pommes, en prenant soin de laisser le fond car nous allons les farcir.

2- Placer les pommes dans un plat allant au four, remplir la cavité avec les raisins, garnir chacune avec 2 amandes, saupoudrer de cannelle et de muscade puis remplir d'eau. Verser environ ½ pouce d'eau dans le fond du plat.

3- Cuire au four 30 minutes.

☞ *Il existe plus de 7000 variétés de pommes à travers le monde. Pour cette recette, je vous suggère la Cortland, qui ne se défera pas, ou encore la MacIntosh.*

Pudding Cinq Étoiles
vanille ou chocolat

Un dessert rapide et savoureux. Voici une version légère et crémeuse. mais si vous voulez un pudding plus ferme, utilisez 4 c. à table d'arrowroot au lieu de 3.

Ingrédients   pour 2 portions

Pudding à la vanille (recette de base)

3 c. table	d'arrowroot
2 tasses	de lait de soya nature
1/4 tasse	de sirop d'érable
1 pincée	de sel de mer
1 c. thé	de vanille
1/4 c. thé	de muscade

Variante

Pudding au chocolat

Remplacer la muscade par 2 c. table de poudre de caroube, mettre seulement 1 once de sirop d'érable.

Préparation

1- Dissoudre l'arrowroot dans 1/4 de tasse de lait de soya. Réserver.

2- Dans une casserole, verser le reste (1 3/4 tasses) de lait de soya, le sirop d'érable, le sel, la vanille et la muscade (ou la poudre de caroube).

3- Porter à ébullition en brassant constamment; lorsque le mélange commence à frémir, ajouter l'arrowroot et le lait de soya réservés et remuer pendant 1 minute.

4- Verser dans des coupes à dessert et réfrigérer 45 minutes avant de servir.

☞ *Au lieu du lait de soya nature, vous pouvez utiliser du lait de soya aromatisé (fraise, bananes etc...). Vous pouvez aussi remplacer le lait de soya par du "lait d'amande" – Voir "Les Recettes d'Anne-Marie, tome 1".*

Pudding au riz New York

Amandes et fruits parfument délicatement ce dessert si populaire.

Ingrédients   **pour 4 portions**

2 tasses	de riz complet, déjà cuit
½ tasse	de lait de soya (nature ou à la vanille)
2 c. table	de beurre d'amande
½ tasse	de dattes hachées
¼ tasse	de raisins secs
1 c. table	de zeste d'orange râpé
une pincée	de muscade

Préparation

1- Préchauffer le four à 350°F. Dans le mélangeur, liquéfier le lait de soya et le beurre d'amande.

2- Ajouter le mélange liquide au riz avec les dattes hachées, les raisins secs, la muscade, le zeste d'orange et remuer. Verser dans un moule légèrement huilé et cuire au four 30 minutes.

☞ *Une nouvelle recette super facile pour un dessert bien connu.*

Sauce au chocolat "petit péché" de Denise-Élaine

L'effervescente Denise-Élaine Adam, de Santé-Action, a un talent fou lorsqu'il s'agit de transformer des recettes populaires en mets-santé. Faites goûter cette sauce; personne ne se doutera qu'elle ne contient ni sucre... ni chocolat.

Ingrédients   pour 1 tasse

1 tasse	d'eau
1 tasse	de caroube en poudre

Facultatif :

1 à 2 c. table de succanat

Préparation

1- Dans une casserole, bien mélanger la caroube et l'eau. Mijoter 10 minutes à feu doux, sans couvrir en remuant de temps à autre. Veiller à ce que le fond ne colle pas.

2- Au besoin, dépendant de la caroube, ajouter 1 à 2 c. table de succanat.

☞ *Cette sauce peut servir... "à toutes les sauces"; sur des fruits, fraises, bananes ou autres, sur un gâteau, sur une crème glacée traditionnelle ou santé. On peut même en faire une trempette ou la réchauffer pour faire un "hot fudge"! Évidemment, vos bouts de chou seront aux anges.*

On peut écouter Denise-Élaine Adam pendant mon émission "Le 7ème ciel", sur les ondes ce CKAC et du réseau Télémédia, un vendredi sur deux.

Tarte antillaise aux bananes

Ce dessert exotique ne contient que des ingrédients sains; il est dépourvu de cholestérol et de sucre raffiné.... De plus c'est impossible de le rater. Que demander de plus?

Ingrédients   pour une tarte de 9 pouces

une	abaisse de tarte déjà cuite (voir la recette «Croûte-super-facile dans cette section)
$3/4$ de tasse	d'abricots séchés bien tassés (ou de dattes) non sulfurisés
2	bananes bien mûres
1 c. thé	de vanille
1 c. thé	de jus de citron frais
1 pincée	de muscade
1 paquet	de tofu mou ou «silken» (10 $1/4$ oz ou 290 grammes)

Préparation

1- Dans votre tasse à mesurer contenant les abricots séchés, ajouter de l'eau jusqu'à ce que vous atteigniez la marque de 1 tasse. Transférer le tout dans une petite casserole et faire mijoter 5 minutes sans couvrir. Vous pouvez remplacer les abricots par des dattes hachées grossièrement; cependant, au lieu d'une tarte jaune, vous obtiendrez alors une teinte plutôt brunâtre et un goût plus sucré.

2- Après la cuisson, laisser reposer 10 minutes.

3- Lorsque les abricots sont refroidis, les mettre dans le robot avec ce qui reste de l'eau de cuisson et tous les autres ingrédients (sauf l'abaisse). Actionner le moteur jusqu'à l'obtention d'une belle purée lisse.

4- Verser la préparation dans l'abaisse de tarte déjà cuite et réfrigérer pendant au moins 4 heures avant de servir.

Variantes :

Tarte "Fée des bois" et tarte "Amanda"

● Une fois la tarte refroidie, vous pouvez la garnir de belles fraises fraîches ou d'amandes effilées grillées.

Tarte "Tourbillon"

● Si vous avez opté pour la version à base de dattes, des rubans de zeste de citron ajouteront une touche de couleur et une petite note de fraîcheur.

☞ *Vous pouvez ajouter ce que vous voulez pour personnaliser votre tarte. Vos invités en raffoleront. Cette préparation convient également aux tartelettes; faute d'abaisse, vous pouvez la déposer dans des coupes et les réfrigérer, ce qui vous donnera un pudding onctueux.*

Tarte Bonhomme-Hiver
sans cuisson

Un dessert délicieux pour gâter ceux que vous aimez.

Ingrédients   pour une tarte

1	abaisse déjà cuite (maison, comme la "Croûte super-facile" que vous trouverez dans cette section, ou du commerce)

remplissage :

1 tasse	d'abricots séchés hachés (non sulfurisés)
1 tasse	de raisins secs
7 c. thé	de fécule d'arrowroot
2 c. thé	de zeste d'orange ou de clémentine râpé
4 c. table	de noix de coco non sucrée ou d'amandes effilées

Préparation

1- Mettre les abricots et les raisins secs dans un bol, couvrir suffisamment d'eau et laisser gonfler de 4 à 6 heures (mais pas plus de 8).

2- Égoutter les fruits et réserver. Amener le liquide à ébullition, ajouter la fécule d'arrowroot et cuire une minute.

3- Retirer du feu, ajouter les fruits ainsi que le zeste d'orange ou de clémentine.

4- Verser la préparation dans l'abaisse déjà cuite et garnir de noix de coco ou d'amandes effilées.

☞ *L'abricot ne mûrit vraiment bien que si on le laisse sur l'arbre; c'est pour cela qu'il est si difficile d'en trouver à point. Par contre, séché, il est savoureux. Choisissez toujours des abricots secs non sulfurisés.*

Petites gâteries

Bonbons Fripon aux figues

Qui a dit qu'il était impossible de se gâter et de rester en forme?

Ingrédients   **Pour 20 bonbons**

4 tasses	d'eau
2 c. table	de jus de citron frais
1 tasse	de figues séchées
½ tasse	de noix ou d'amandes émincées
½ tasse	de graines de tournesol nature
½ tasse	de noix de coco non sucrée

Préparation

1- Amener l'eau à ébullition, puis ajouter le jus de citron et les figues. Laisser mijoter couvert à feu doux pendant 10 minutes.

2- Égoutter, passer les figues au mélangeur ou au robot, puis ajouter la noix ou les amandes émincées ainsi que les graines de tournesol.

3- Réduire en purée, puis façonner de petites boules (de 15 à 20 selon la grosseur désirée) et rouler dans de la noix de coco non sucrée.

☞ *Vos amis seront enchantés... espérons qu'il vous en restera!*

Bouquet garni Sensation

Ce n'est pas le bouquet garni traditionnel; celui-ci est un peu plus parfumé. Il fera des merveilles dans vos plats en casserole, dans vos pots-au-feu ou dans vos soupes.

Ingrédients   pour un bouquet garni

2	feuilles de laurier
5	grains de poivre noir
1 c. thé	de basilic séché
1 c. thé	de persil séché
1 c. thé	de thym séché
½ c. thé	d'origan séché
½ c. thé	de cayenne
un sachet de mousseline	

Préparation

1- Combiner tous les ingrédients et les mettre dans un sachet de mousseline; bien fermer.

Variantes

On peut aussi ajouter, au goût:
— 1 clou de girofle
— 1 morceau de gingembre frais
— 1 c. thé de cumin
— ½ bâton de cannelle

Soupe éclair

1- Mettre le bouquet garni dans 2 tasses d'eau bouillante. Laisser mijoter 15 à 20 minutes.

☞ *Voici un cadeau toujours très apprécié... mais tant qu'à faire, pourquoi ne pas vous gâter vous-même un peu?*

Huiles aromatisées

Des huiles délicatement parfumées ou épicées qui donneront du panache à vos salades ou à vos plats...

Ingrédients   pour 3 tasses

3 tasses	d'huile d'olive de première pression à froid
Au choix	
5 ou 6 c. table	d'herbes séchées ou d'épices (vous pouvez utiliser une ou plusieurs variétés). Quelques suggestions : thym, menthe, estragon, romarin, ciboulette, sauge, clou de girofle, coriandre, cumin, piment fort

Préparation

1- Placer vos aromates au fond d'un grand pot de verre très propre et parfaitement sec. Verser l'huile par-dessus, couvrir hermétiquement et conserver dans un endroit sombre et frais entre une et huit semaines. Plus on attend longtemps, plus l'huile sera parfumée.

2- Vérifier l'huile une fois par semaine; si les aromates commencent à se décomposer, filtrer avec un égouttoir à très petits trous ou avec plusieurs épaisseurs de coton à fromage; on peut aussi utiliser un filtre à café. Enlever les résidus d'aromates et embouteiller à nouveau.

3- Lorsque l'huile est aromatisée à votre goût, bien filtrer, transvider dans des petits pots de verre bien propres et (facultatif) ajouter des branches des herbes que vous avez choisies pour décorer.

Petits trucs :

● Les herbes fraîches sont plus savoureuses mais il faut s'assurer qu'elles soient absolument exemptes d'humidité.

● L'origan, le fenouil, la sauge, le thym sont délicieux seuls ou en combinaison; vous pouvez également ajouter des épices. Faites preuve d'imagination.

● Le basilic devient noir dans l'huile, évitez de l'utiliser.

● On peut même mettre de l'ail, mais dans ce cas, il est essentiel d'éplucher les gousses entières et de les laisser mariner au moins 24 heures dans du vinaigre de cidre de pomme avant de le mettre dans l'huile (sans cette précaution, l'ail risque de devenir toxique dans l'huile). Les huiles contenant de l'ail mariné doivent être conservée au réfrigérateur.

☞ *Faites-en donc un peu plus. Dans une jolie petite bouteille décorée d'un beau ruban, quel joli cadeau!*

Les "herbes magiques"
d'Anne-Marie

Pas besoin d'être une sorcière pour concocter ce mélange savoureux d'herbes aromatisées.

Ingrédients   pour 3 onces

6 c. table	de persil séché
4 c. table	de basilic séché
2 c. table	d'origan séché
2 c. table	de paprika
1 c. table	de moutarde sèche
1 c. table	de poudre d'ail
1 c. table	de sel de mer

Préparation

Bien mélanger tous les ingrédients; le tour est joué.

Que faire avec mes Herbes magiques ?

Trempette "Magie Blanche"

Mêler 2 c. table d'"herbes magiques" à
1 tasse de yogourt nature **ou** à 1 tasse de tofu mou (**ou** à
½ tasse de chacun).

Vinaigrette "Doigts-de-Fée"

Mêler 1 c. table d'"herbes magiques" à
¼ tasse d'huile d'olive de première pression à froid et à
1 c. thé de jus de citron **ou** de vinaigre de cidre de pomme.

Assaisonnement "Sortilège"

Mettre les herbes dans une salière (ou un «saupoudroir»
à parmesan). Utilisez sur des légumes vapeur, du poulet,
du poisson ou autre.

☞ *Dans une jolie salière, ornée d'un ruban et des suggestions d'utilisation, voilà un joli cadeau.*

En passant, laissez-en une salière sur la table : c'est une bonne façon de relever le goût de nos aliments tout en diminuant notre consommation de sel.

Recettes beauté

Bain "douce détente"

Ses effluves vous feront oublier tous les petits ennuis de la journée et vous délasseront.

Ingrédients   **et préparation pour 1 bain**

1 poignée   d'écorces d'orange séchées
1 poignée   de pétales de roses
1 c. table   de camomille séchée
1 sac de mousseline

Mettre tous les ingrédients dans le sac de mousseline, bien fermer.

Mode d'emploi

— Laisser l'eau du robinet couler sur le sachet.

— Détendez-vous dans ce bain une quinzaine de minutes.

☞ *Une autre suggestion cadeau qui sera appréciée.*

Bain "petits pieds"

Vos pieds vous supportent toute la journée... pourquoi ne pas les dorloter un peu?

Ingrédients et préparation   pour un bain de pieds

1 c. table   de romarin séché **ou**
1 c. table   de thym séché
1 sachet de mousseline

Mettre le romarin ou le thym dans le sac de mousseline. Fermer.

Mode d'emploi

— Remplir un bassinet d'eau chaude, mais pas brûlante, et y ajouter le sachet.

— Laisser tremper les pieds une dizaine de minutes.

☞ *On a tendance à reléguer les bains de pieds aux oubliettes avec les recettes de grand-mère. Pourtant, c'est une merveilleuse façon de se détendre et cela repose davantage les pieds qu'un bain complet. Tentez vous-même l'expérience, vous serez surpris du résultat.*

148

Baume merveilleux à tout faire

Ce baume est excellent pour donner un coup d'éclat à votre visage (sauf pour les peaux très grasses ou acnéiques), vos mains ou vos cheveux secs.

Ingrédients et préparation **pour 2 onces**

1 once	d'huile d'olive de première pression à froid
1 once	de sel d'aloès

Bien mêler les ingrédients et conserver au réfrigérateur

Mode d'emploi

— **Pour le visage**, comme crème de jour ou crème de nuit.

Pour la crème de nuit, si votre peau est très abîmée, ajouter le contenu d'une capsule de vitamine E, d'huile d'onagre, de bourrache ou de poisson.

— **Pour les mains**, appliquer sur les mains et porter des gants de coton; conserver toute la nuit.

— **Pour les cheveux**, appliquer sur les pointes sèches, puis se recouvrir la chevelure de papier cellophane ou d'un sac de polythène. Conserver de 15 à 20 minutes puis faire un shampoing.

☞ *Des soins aussi efficaces qu'en institut... pour à peine une fraction du prix!*

Conditionneur pour les cheveux "parfums du jardin"

Il n'est pas toujours facile de choisir parmi tous les conditionneurs du commerce. Cette recette économique et délicatement parfumée donnera de l'éclat à vos cheveux tout en facilitant le démêlage.

Ingrédients   pour 3 tasses

6 c. table	de romarin séché
3 c. table	d'ortie séchée
3 c. table	de camomille séchée
1 c. table	de lavande séchée
2 tasses	d'eau bouillante

Pour les cheveux secs

3 gouttes	d'huile d'amande douce

Préparation

1- Mettre les herbes au fond d'un pot de verre, verser l'eau bouillante, couvrir, et laisser refroidir.

2- Filtrer le mélange; pour les cheveux secs ajouter l'huile d'amande douce. Conserver au réfrigérateur.

☞ *Après le shampoing, appliquer une demi-tasse de ce conditionneur en versant lentement et en massant bien le cuir chevelu. Inutile de rincer.*

Exfoliant maison à la lavande

Les exfoliants débarrassent le visage de la couche de peaux mortes qui le recouvre et ainsi rendent le teint lumineux. Une ou deux fois par semaine et on vous complimentera sur votre mine!

Ingrédients   pour ¹/₂ tasse

¹/₄ tasse   d'amandes
¹/₄ tasse   de flocons d'avoine
1 once   de lavande séchée

Dans un moulin à café ou au mélangeur, réduire les amandes en poudre. Réserver.

Moudre l'avoine et la lavande en poudre; ajouter aux amandes et bien mélanger. Conserver dans un récipient hermétique.

Mode d'emploi

• Mélanger une cuillerée du mélange avec assez d'eau pour obtenir une pâte assez solide.

• Sur le visage fraîchement nettoyé, appliquer le mélange en frottant doucement en mouvements circulaires quelques minutes.

• Rincer à l'eau tiède, puis (facultatif) appliquer une crème pour le visage.

• Utiliser à raison d'une ou deux fois par semaine.

☞ *Dans un petit pot enrubanné, voilà un très joli cadeau!*

Contre-indication : *ne pas utiliser sur une peau acnéique.*

Masque anti-rides Bihova

Des études scientifiques ont démontré à quel point les acides alpha-hydroxiques étaient efficaces pour régénérer la peau et même diminuer les rides, les taches brunes et l'acné.

On retrouve cet acide dans des crèmes commerciales haut de gamme et, par conséquent, très dispendieuses; mais voici une recette qui a été mise au point à une dermatologue réputée, le docteur Diana Bihova, M.D, une recette qui ne coûte que quelques sous!

Ingrédients   pour un masque

1 pomme	tranchée en fines lamelles
¼ tasse	(au besoin) d'eau filtrée ou d'eau de source

Préparation

1- Disposer les lamelles de pomme au fond d'une petite casserole. Verser juste ce qu'il faut d'eau par-dessus pour couvrir le fond. Cuire à feu moyen 5 minutes.

2- Écraser à la fourchette et laisser refroidir.

3- Appliquer ce masque sur le visage fraîchement nettoyé et garder de 15 à 30 minutes une fois par semaine. Jeter le reste.

☞ *Ce masque très efficace picote et «tire» un peu la peau lorsqu'il travaille. On suggère néanmoins de le tester tout d'abord sur une petite surface de peau (par exemple à l'intérieur du bras) afin d'éviter les réactions allergiques.*

Cette recette est tirée du livre "Beauty from the Inside Out", du Dr Diana Bihova, aux éditions Rawson Associates.

Masque de la Reine-Abeille

Ce masque est très hydratant et nettoyant à la fois. Chaque fois que je donne cette recette, je reçois énormément de commentaires positifs à son sujet. Pourquoi ne pas l'expérimenter vous-même? Vous le méritez!

Ingrédients et préparation

pour un traitement

1 c. thé	d'argile blanche (pour les peaux sèches) **ou** verte (pour les peaux mixtes ou grasses)
1 c. thé	de miel cru non pasteurisé

- Bien mélanger le miel et l'argile.

Mode d'emploi

- Appliquer ce masque sur le visage fraîchement nettoyé. Laisser reposer 15 minutes.

- Rincer à l'eau tiède et appliquer une crème hydratante.

Masque "traitement royal" pour les cheveux

Un pour cheveux secs

Un pour cheveux gras!

On doit toujours choisir son shampoing en fonction de son cuir chevelu, et son conditionneur pour ses cheveux.

Au lieu des traitements du commerce parfois très dispendieux, essayez donc ce masque aux ingrédients purement naturels! Vous serez surpris du résultat.

Ingrédients pour 1 traitement

Pour les cheveux normaux ou gras	
4 onces	de yogourt nature
1/4	banane
Pour les cheveux secs	
2 onces	de yogourt nature
1/2	banane
1 c. thé	d'huile d'olive de première pression à froid
Facultatif (si le cuir chevelu présente des croûtes)	
1 c. thé	de vinaigre de cidre de pomme

Préparation

1- Liquéfier tous les ingrédients au mélangeur.

2- Appliquer sur les cheveux lavés et essorés. Laisser agir 15 minutes et bien rincer.

☞ *Utilisez ce masque une fois par semaine; vous aurez ainsi une chevelure lustrée et attrayante.*

Rinçage Natura
contre les pellicules

Les pellicules sont causées par des micro-organismes. Au lieu d'utiliser les shampoings commerciaux qui sont souvent très irritants pour le cuir chevelu, essayez ce rinçage.

Ingrédients   pour 2 tasses

4 c. table	de feuilles de thym séchées (s'achète en vrac à votre magasin d'aliments naturels)
2 tasses	d'eau bouillante

Préparation

1- Mettre les feuilles de thym séchées dans un pot de verre. Verser l'eau bouillante par-dessus et laisser refroidir.

2- Filter le mélange et conserver au réfrigérateur.

☞ *Après le shampoing, verser une demi-tasse de ce rinçage sur vos cheveux en massant votre cuir chevelu. Ne rincez pas.*

Le thym est un antiseptique naturel et doux qui calmera les démangeaisons tout en réduisant les pellicules.

Yeux de velours

La première chose que l'on remarque lorsqu'on rencontre quelqu'un, ce sont ses yeux. Voici un petit truc dont on se sert à la télévision et au cinéma pour avoir de véritables yeux de velours.

Ingrédients et préparation   pour un traitement

2	boulettes d'ouate
2 sachets	(ou l'équivalent) de tisane de camomille
$\frac{1}{2}$ tasse	d'eau bouillante

● Laisser infuser la camomille dans l'eau 15 minutes. Ajouter les boulettes d'ouate et laisser tiédir.

Mode d'emploi

Appliquer les boulettes d'ouate humides sur les paupières et conserver de 5 à 10 minutes.

☞ *Beaucoup de comédiennes et de chanteuses se servent de cette recette. Essayez et vous aussi vous direz adieu aux yeux pochés, rouges ou fatigués.*

Table des matières